二战风云
震撼博览

英语巨著
全彩呈现

世界联盟

第二次世界大战的展开

胡元斌 严 锴 主编

台海出版社

前言 PREFACE

　　1937年7月7日，驻华日军在卢沟桥悍然向中国守军开炮射击，炮轰宛平城，制造了震惊中外的"七七事变"，中国的抗日战争全面爆发。1939年9月1日，德国入侵波兰，第二次世界大战正式开始。1945年9月2日，日本签署投降书，第二次世界大战宣告结束。

　　这是人类社会有史以来规模最大、伤亡最惨重、造成破坏最大的全球性战争，也是关系人类命运的大决战。这场由德、意、日法西斯国家的纳粹分子发动的战争席卷全球，世界当时人口总数的80%的20亿人口受到波及。这次世界大战把全人类分成了两方，由美国、苏联、中国、英国、法国等国组成的反法西斯同盟国与由德国、日本、意大利等国组成的法西斯轴心国，进行对垒决战。全世界的人民被拖进了战争的深渊，迄今为止这是人类文明史上绝无仅有的浩劫和灾难。

　　在这场大战中，交战双方投入的兵力和武器之多、战场波及范围之广、作战样式之新、造成的损失之大、产生的影响之深远都是前所未有的，创造了许多个历史之最。

　　第二次世界大战的胜利具有伟大的历史意义。我们历史地、辩证地看待这段人类惨痛历史，可以说，第二次世界大战的爆发给人类造成了巨大灾难，使人类文明惨遭浩劫，但同时，第二次世界大战的胜利，也开创了人类

历史的新纪元，给战后世界带来了广泛而深远的影响。促进了世界进入力量制衡的相对和平时期；促进了一些殖民地国家的民族解放；促进了许多社会主义国家的诞生；促进了资本主义国家的经济、政治和社会改革；促进了世界科学技术的进步；促进了军事科技和理论的进步；促进了人类认识史上的一场伟大革命；促进了世界人民对和平的深刻认识。

第二次世界大战的胜利也是世界人民反法西斯战争的胜利，成为20世纪人类历史的一个重大转折，它结束了一个战争和动荡的旧时期，迎来了一个和平与发展的新阶段。我们回首历史，不应忘记战争给我们带来的破坏和灾难，以及世界各个国家和人民为胜利所付出的沉重代价。我们应当认真吸取这次大战的历史经验教训，为防止新的世界大战发生，维护世界持久和平，不断推动人类社会进步而英勇奋斗。

这就是我们编撰《第二次世界大战纵横录》的初衷。该书综合国内外的最新研究成果和最新解密资料，在有关部门和专家的指导下，以第二次世界大战的历史进程为线索，贯穿了第二次世界大战的主要历史时期、主要战场战役和主要军政人物，全景式展现了第二次世界大战的恢宏画卷。

该书主要包括战史、战场、战役、战将和战事等内容，时空纵横，气势磅礴，史事详尽，图文并茂，具有较强的历史性、资料性、权威性和真实性，非常有阅读和收藏价值。

世界联盟

目录 CONTENTS

世界联盟

第二次世界大战的展开

德意进攻西欧

　　德国自占领波兰后，野心更加膨胀，希特勒亲自督促制订了进攻西欧的"黄色方案"，并于1940年5月9日命令德军发起进攻。5月14日德军首先征服了荷兰，两周后又攻陷比利时。同时，希特勒又与墨索里尼联手对法国发起了进攻，英法联军虽然也进行了抵抗，但终因行动消极，步步败退。6月14日巴黎落入德军之手。

德国实施
进攻西欧的"黄色方案"

德军攻占波兰后，根据既定的打击顺序，下一个攻击目标将是西欧。

此时，德军需要解决的，是入侵时机和主攻方向的选择；联军则需准确判明德军的入侵时间和主攻方向，并协调各方立场，组织强有力的防御。

1940年2月13日，希特勒同约德尔将军作了一次长谈，主张出其不意地将西欧做为德军主突方向。

2月17日，希特勒召见曼施坦因。曼施坦因详细说明了他的计划：以强大的A集团军群通过阿登森林，在色当两侧渡过马斯河，然后穿过法国北部到达阿布维尔，同右翼协同，分割、围歼英法联军佛兰德集团。希特勒接受了这个计划。

2月18日，布劳希奇和哈尔德在同希特勒会谈时，拿出一个比曼施坦因走得更远的计划——在迪南与色当之间的马斯河实施决定性的突破。对此，希特勒表示同意，并强调要迅速作好抵御法军从马奇诺防线后方出击的准备。

据此，德国陆军总司令部于2月24日下达了新的进攻西欧的作战命令，代号仍为"黄色方案"。新方案规定：

> 德军应以一部兵力迅速攻占荷兰和比利时，将英法联军的大量兵力吸引到这一方向；同时，以强大的装甲部队绕过马奇诺防线，出其不意地通过阿登山区，实施主要突击，在色当附近法军的接合部达成中央突破，进而直插索姆河口；在右翼突击集团协同下，围歼被割裂的联军主力，为尔后作战创造条件。

　　预令要求各部队3月7日前完成作战部署，并在调动过程中采取伪装措施，尽量给英法联军造成仍按原计划行动的错觉。后来，进攻日期又多次推迟，一直推至5月10日。

　　据不完全统计，德国进攻西欧的日期前后推迟了29次之多。

　　根据新的方案，德军沿德荷、德比、德卢和德法边界依次展开B、A、C集团军群，并由第二和第三航空队担任空中支援，另以海军一部配合行动。

　　由博克指挥的B集团军群，辖第十八和第六集团军，集结在北海—亚琛—线。任务是进攻荷兰和比利时，以积极行动牵制联军主力，尔后与A集团军群协同歼灭该部联军。

　　A集团军群编成内有第四、第十二和第十六集团军，一个装甲集群，由龙

希特勒与军队将领

德施泰特指挥，准备在从雷特根至德国、卢森堡和法国三国边界接壤处之间宽170千米的地带实施主要突击。

勒布指挥的 C 集团军群编成内有第一和第七集团军，共17个师，任务是防守从法卢边界至巴塞尔的350千米地段。任务是以积极的侦察行动和在部分地区佯动，迷惑法军统帅部，以便在马奇诺防线和莱茵河一带牵制尽可能多的法国师，并掩护突击集团的左翼。

德国陆军司令部还将51个师留作预备队，预定用于主攻方向，以不断加强那里的突击力量。

第二、第三航空队的任务是夺取制空权，破坏联军的指挥，直接支援进攻的部队。在陆军进攻前20分钟内，航空队应以约1/3的兵力轰炸对方靠近前线的机场、指挥部、通信中心和交通枢纽。进攻开始时，应全力支援地面部队，首先是主攻方向上的装甲部队的进攻。

海军的任务是，直接或间接地支援陆军的进攻，在荷兰和比利时的沿海水域布雷，占领西弗里西亚群岛，并在北海、英吉利海峡进行破交战。

德军相继侵占荷兰、比利时

1940年5月9日，德国国防军统帅部参谋长凯特尔下达了进攻西欧的命令："元首兼国防军最高司令决定：5月10日破晓时发起进攻，进攻的代号为'但泽'或'奥格斯堡'。"

当日下午13时30分，德军全部进入待命状态，希特勒由凯特尔、约德尔和统帅部其他人员陪同，离开芬肯克鲁格，乘专列到缪恩施特莱菲尔附近的"鹰巢"大本营。

当晚，为制造借口，德国如同在进攻波兰前制造格莱维茨电台事件一样，派飞机对德国的一所大学城弗赖堡进行恐怖袭击，一所女子寄宿中学和一所医院被炸毁，死伤数百人。德军统帅部反诬这次袭击系比利时和荷兰所为，遂于5月10日凌晨向这两个中立国家发动进攻。

德军越过边界后，荷兰和比利时才收到内容相同的德国照会。照会指责两国违反《中立法》，针对德国加修工事和部署兵力，制造恐怖袭击，声称德国政府不愿坐等英法的进攻，不能允许两国通过比利时和荷兰向德国采取军事行动。

5月10日，荷兰和比利时驻柏林公使，试图把抗议德军入侵的照会交给德国外交部，但遭拒绝。荷兰女王威廉明娜在当天发表声明，"对这一史无前例的背信弃义和破坏文明国家之间一切正当关系的行为提出愤怒抗议。"

荷、比两国在遭到德军入侵后，迅速向英法求援。法军甘末林将军命令英法联军立即按"D"计划向比利时机动。其中，法军第七集团军进至安特卫普附近地域后继续向荷兰布雷达地区开进。

　　5月10日凌晨，德军从地面和空中同时向荷兰发起进攻，德军第十八集团军主力以第九装甲师为先导，向马斯河河口方向实施主要突击，一部兵力向阿姆斯特丹方向实施辅助突击，迅速占领荷兰东北各省，并于当日突破佩尔防线，迫使荷军退守荷兰要塞。

　　尔后，德军向须德海与北海间的堤坝发起进攻，以开辟通往阿姆斯特丹的道路，但未得手。

　　同日，德军空降兵约4000人分批在海牙、鹿特丹和穆尔代克附近实施空降。着陆后，德军一部占领海牙附近3个机场，后向海牙进攻，但被荷军击退；另一部兵力出其不意地攻占穆尔代克地域的马斯河大桥和多德雷赫特地域的瓦尔河大桥，从南面突入"荷兰要塞"，割裂了荷军部署，荷军多次反击未能奏效。

　　应荷兰请求，法军第七集团军沿英吉利海峡日夜兼程前进，于5月11日

德军在占领国

下午抵达蒂尔堡，后因缺乏空军支援，并遇德军阻击，撤至布雷达。荷军请求该集团军对攻占马斯河大桥的德军实施反击，遭法军拒绝。这样，德军第九装甲师顺利通过马斯河和瓦尔河大桥，逼近鹿特丹。

在此之前，鹿特丹附近莱克河的几座大桥也被德国伞兵攻占，但荷军在大桥北侧组织防御，迟滞了德军进攻。5月12日晚，荷军总司令温克尔曼通知荷兰女王及内阁大臣，已没有希望顶住德军的进攻。

5月13日，威廉明娜女王携几个内阁大臣登上一艘英国驱逐舰逃往伦敦。临走时，女王授权温克尔曼将军作为全权代表在适当时机宣布投降。

14日晨，希特勒发出《第十一号指令》：

在北翼，荷兰陆军的抵抗力比原来设想的要强些。政治和军事上的原因，要求在短期内粉碎这种抵抗。

陆军的任务是，以足够的兵力从南面和东面联合进攻，并迅速摧毁"荷兰要塞"。为此，希特勒从比利时方向调来一些航空兵，加强对荷兰方向的进攻。

根据希特勒的指令，德军一面调整部署，一面进行武力恫吓，逼迫鹿特丹的守军投降，声称如不投降，德军就要轰炸该市。为保存实力和让城市免遭轰炸，荷军决定停止抵抗。就在这时，德军对鹿特丹的轰炸开始了，该市变成一片火海。

在德国空军狂轰滥炸和地面部队的进攻面前，鹿特丹守军投降。

5月14日黄昏，荷军总司令温克尔曼将军命令全军放下武器，次日上午11时，他作为荷兰政府的全权代表在无条件投降书上签字。仅5天时间，荷兰就被德军侵占。

5月10日5时30分，德军对比利时发动突然袭击。8时30分，德国驻比利时大使向该国外交部递交照会，声称，为了在西方大国入侵比利时、荷兰、卢

森堡前先发制人，德国政府"被迫"用武力来"保证"它们的中立。

德国政府建议，比利时应为自身的利益着想，停止一切抵抗，德国将保证比利时在欧洲和在殖民地的领土完整，否则比利时将丧失独立。比利时政府对德国的战争威胁和侵略提出强烈抗议，决心保卫自己国家。

与入侵荷兰一样，德军对比利时的进攻也采用了地空协同。第六集团军迅猛突破比利时的边防线，渡过马斯河及其以西的阿尔贝特运河南段，给英法联军造成这里是德军主攻方向的假象。

与此同时，德国空降兵悄悄在阿尔贝特运河附近着陆，不等比军按动电钮炸桥，就抢占了运河上的3座大桥。

埃本-埃马尔要塞的防御工事建在山上，由一座装有两门120毫米加农炮的旋转炮塔、两座各装有两门75毫米加农炮的炮塔、4个暗炮台、12门60毫米反坦克炮的发射阵地和大量机枪掩体组成。

地上的炮台、观察所、机枪火力点都用混凝土筑成，暗炮台和旋转炮塔都是装甲结构。地下有一系列钢筋混凝土浇灌的交通壕，壕内储备有可供30天用的粮食和弹药。该要塞由1200人守备，监视着马斯特里赫特附近马斯河和阿尔贝特运河上的一切桥梁。

比军认为，它比马奇诺防线或齐格菲防线上的任何工事都更加坚固，可以长期坚守。然而，战争的经过却大出比军所料。10日凌晨，由一名上士指挥的、经过模拟训练的75名德国空降兵分乘9架滑翔机悄悄降落在要塞顶部，就轻而易举地攻克了这个号称欧洲最难攻克的工事。埃本-埃马尔要塞的失陷，预示着阿尔贝特运河-马斯河的防线全面瓦解。

5月12日，比军不得不退守科林斯霍特-瓦夫尔防线。德军第六集团军第十六装甲军在马斯河以北向日昂布鲁方向猛攻。

英法联军误以为德军的主攻方向在安特卫普至那慕尔的迪尔河防线上，按预定的"D"计划向迪尔河防御阵地机动，协同从第一道防线撤下来的比军坚守科林斯霍特-瓦夫尔防线。

5月13日，法军第一集团军的先头装甲部队同德军第十六装甲军在日昂布

鲁遭遇，展开了第二次世界大战首次大规模坦克战。

5月15日，联军后续部队进占日昂布鲁和瓦夫尔之间的防御阵地，将德军阻在勒芬及日昂布鲁两地。

在比利时东南方向的阿登山区，担任主攻任务的德军A集团军群在德比边界粉碎了比利时边防部队的抵抗，迅速向前推进，击退了掩护法军第二、第九集团军主力的法军骑兵师，于5月12日前出至马斯河。

英法联军这才意识到，德军主力集中在比利时的那慕尔至法国的色当一线，主攻方向在色当。强渡马斯河后，德军向索姆河口迅速推进，位于比利时的英法联军随时可能被德军从南面包围。

5月15日上午，荷军投降的消息传到比利时。下午17时，联军总司令甘末林命令英法联军从比利时迅速后撤。

5月16日，英法联军开始撤离比利时。在此情况下，比军只好放弃安特卫普－那慕尔一线既设阵地，退守到后方没有准备好的阵地上。不久，比军的新防线被德军突破。5月17日，德军占领布鲁塞尔。

但是，比军没有放下武器，而是且战且退，试图通过梯次防御，为英法联军新任总司令的魏刚将军实施其从法国北部和比利时南部南北夹击的反攻计划创造条件。

然而，在德军的强大攻势下，魏刚的计划难以实现，比军陷入困境。5月26日，比利时国王要求英军反击德军侧翼，以减轻比军的压力。而此时，戈特勋爵正准备向敦刻尔克撤退，无法满足这种要求。

5月27日，比军的抵抗开始全面瓦解，国王利奥波德三世接受德国提出的无条件投降的要求，于次日凌晨4时命令比军放下武器，向德军投降。

德军对法国
发动"闪电战"

1940年5月10日凌晨，德军在进攻荷、比、卢的同时，对法国也发起进攻。

德军飞机袭击法国的加来、敦刻尔克、贝尔克、阿尔卑来赫、梅斯、布森堡的阿登山区，向法国东北部发起进攻。

德军为最大限度地达成进攻的突然性，在卢、法、比交界的阿登山区集结了三个装甲军和一个摩托军。前卫是古德里安率领的第十九装甲军，其任务是在进攻的当天中午，穿过卢森堡前出至比利时边境，直扑法国的色当。

在第十九装甲军的北面，是赖因哈特率领的第四十一装甲军，因古德里安的装甲军占去了阿登山区的几条主要通道，所以该军的出发时间迟一些，但也很快穿过这一地区，直扑色当以西的梅济耶尔地区。

在第四十一装甲军的北面，是施密特率领的第三十九装甲军，该军以隆美尔的第七装甲师为先导、以第五装甲师殿后，待突破比利时边防线后向迪南地区推进。

继三个装甲军之后跟进的是三个摩托化师。德军日夜兼程，不间断地进攻，力求出奇制胜。

德军装甲部队的突然出现，使得法军在色当至那慕尔之间的马斯河防线，特别是法国第二集团军防守的色当地区面临严重威胁。

5月12日下午，德军轻取色当城，并在色当西北24千米长的马斯河北岸集结。

克莱斯特主张5月13日下午16时强渡马斯河，他给古德里安的命令说：

西线战役的决定性攻击由克莱斯特将军的装甲集群执行,它的任务是在蒙特梅和色当之间的马斯河段进行强渡,大部分德国空军将进行8小时的不间断空袭,以摧毁法国在马斯河上的防御设施,然后,在下午16时,克莱斯特装甲集群将渡过马斯河并建立桥头阵地。

德军装甲部队穿越阿登山区已对法国构成重大威胁,"色当突破"更是将法军置于了危险的境地,巴黎随时可能沦陷,在比利时作战的英法联军将

德军战机

随时面临被包围的严重威胁。

为此，英法联军决心向德军实施反攻，封闭马斯河防线的缺口。

5月14日，联军出动近200架飞机，企图炸毁德军在马斯河上敷设的舟桥，但收效不大，一次次轰炸行动被德军密集的高射炮火击退，联军85架飞机被击落。

德军装甲部队在突破色当、强渡马斯河后，5月15日，古德里安率军西进。

当晚20时，推进到色当以西约70千米的蒙科尔内，在法军第二集团军与第九集团军接合部，即从莫伯日到波尔西安堡之间，撕开了一条宽达70千米的突破口。

16日晚，古德里安又指挥3个装甲师向英吉利海峡方向推进了80多千米，到达马尔勒附近，其中第一装甲师已推进到瓦兹河沿岸的里布蒙。古德里安的推进并不是一帆风顺的，他除了遇到前几天法军的反突击外，5月17日又碰上戴高乐上校指挥的第四装甲师的阻击。

戴高乐15日受领的作战任务是：

在拉昂地区单独作战，要争取时间让最高统帅部在埃纳河与文莱特河之间构筑一道防线，封堵住德军通向巴黎的道路。

5月16日，戴高乐亲临前线侦察敌情，发现"大量德军从阿登地区倾泻出来，通过罗科罗亚和梅济耶尔，不是向南进而是向西进，去夺取圣康坦"。

5月17日，戴高乐指挥部队往北推进，前出至塞尔河沿岸的蒙科尔内，在那里顽强抗击德军，迫使德军装甲部队放慢推进速度。

黄昏时分，当发现左右两侧都受到威胁时，第四装甲师被迫撤到拉昂以北的集结地域。

19日，戴高乐继续挥师西北，向塞尔河畔的克雷西出击，目的是切断德军进犯拉费尔的去路。在那里，该师同德军展开激战，击毁德军许多坦克。

当天下午，乔治将军命令该师撤到埃纳河以南地区，阻止德军向南进犯兰斯。

5月18日，古德里安和赖因哈特的两个装甲军渡过瓦兹河，分别占领圣康坦和勒卡托，然后兵分两路，一路向西，一路经康布雷、阿拉斯向北推进。

19日，向西推进的古德里安装甲军抵达佩罗讷。次日，包围亚眠并前出至阿布维尔。

21日，古德里安挥师北上，攻占蒙特勒伊。在阿布维尔西北部，德军第二装甲师的一个营首先推进到海峡沿岸，彻底切断了北方的英、法、比联军同南边法军的联系。

此后德军各装甲部队继续北进，23日先后攻占了沿海重镇布洛涅和加来。24日，古德里安和赖因哈特所属各装甲师进抵格拉沃利讷和圣奥梅尔之间的阿河一线，和其他友邻部队一起将联军围困在敦刻尔克地区。

德军装甲部队的高速度推进和大纵深穿插，令法国最高统帅部防不胜防。法国最高统帅部在作出判断和制订作战计划时，往往跟不上战局的发展变化。此外，部队中失败主义情绪弥漫，下级欺骗上级，军事指挥官瞒着政府官员甚至总理，造成被动挨打的结局。为改变这种混乱局面，雷诺总理决定改组内阁和更换法军总司令甘末林将军。

5月19日，刚从叙利亚被召回国的魏刚将军接任法军总参谋长和陆、海、空三军总司令。他对国内战局并不了解，需要重新了解情况作出判断，然后才能定下决心。

所以，他取消了5月19日早晨甘末林将军草签的最后一道命令，即《第十二号秘密手令》。该命令旨在使比利时的英法联军向南突击，穿过兵力薄弱的德军装甲部队，与南边法军会师。与此同时，在索姆地区新建的部队向北推进，协助北线的联军向南突围，如果可能的话，就切断德军向英吉利海峡方向疾驰的装甲纵队。

5月20日中午，德军第一装甲师占领索姆河下游的亚眠。晚上，第二装甲师前出至索姆河口阿布维尔。

　　古德里安装甲军和赖因哈特装甲军的先头部队，推进速度很快，与后面装甲部队的距离差不多有160千米。而且，德军的步兵也没有及时跟上来，德军装甲部队的侧后完全暴露出来，形势非常有利于英法联军实施南北夹击。时机就在一天，甚至几小时之内。

　　然而，魏刚此刻不在他的指挥所里。当晚，他才在前线第一次看到指挥作战的法国陆军参谋长杜芒克将军和东北战线陆军司令乔治将军。他们一起讨论挽救北线联军的措施和尔后的作战计划，制订了一个与甘末林的《第十二号秘密手令》内容相同的"魏刚计划"。

　　但魏刚对这项计划还有些犹豫不决，没有取胜的坚定信心，对扭转战局颇感无能为力。

❖ 德军装甲战车

5月21日晨，魏刚乘飞机去比利时，由于中途逗留和安全方面的考虑，直至下午15时才抵达伊普尔。鉴于英法联军在贝隆-阿布维尔-康布雷三角地带的兵力仍占优势，魏刚决定乘德军西进的装甲纵队翼侧暴露之机，以己之长，击敌之短，北线联军向南实施突围，以便同索姆河一带的法军会合。

5月22日，英法盟国首脑在万森召开盟国最高军事会议，批准了"魏刚计划"，但为时已晚。

从5月19日至21日，魏刚了解情况、下定决心和组织反击，前后已经耽搁三天的宝贵时间，整个局势对联军非常不利。更为严重的是，比军不愿按"魏刚计划"的要求从埃斯科特撤到伊塞河，以保护联军向南反击。

利奥波德国王担心，英军向南反击后会丢下比军，所以他只准备将比军撤至利斯运河支流，而不再向伊塞河撤退。这样，就在英比军接合部留出一段空间，无人设防，而德军正好在这里浩浩荡荡地冲了过去，北线英法联军的处境岌岌可危。

尽管如此，5月21日，联军在阿拉斯附近组织了一次反击。两个英军师和一个装甲旅曾迫使德军向南收缩了几千米。当法军的两个师晚些时候向此地反击时，英军的部队却停止了反击。

戈特将军认为，"既然他的右翼已被敌人包围，左翼又受到威胁，唯一合理的决定应是朝着海岸撤退。"

英军每天所需的2000吨弹药及补给品全得经加来和敦刻尔克等港口运来，但这些港口正在严重地遭受德军空袭，面临被全面包围的危险。

在这种形势下，戈特将军迫于时间和补给问题的考虑，不顾盟国最高军事会议最后通过的"魏刚计划"，决定于22日晚把英国远征军撤出阿拉斯地区。法军已没有足够的力量单独发起反击。

由于比军缺乏配合，英军又没有信心，加之法军行动迟缓，"魏刚计划"最后毫无成效地破产了。

墨索里尼与希特勒
沆瀣一气

希特勒尽管正在为西线战事忙得不可开交，但仍接二连三地抽暇写信给墨索里尼，把德国连连取得胜利的消息告诉他。

希特勒的第一封信通知墨索里尼时，他正在进攻比利时和荷兰，以"保证它们的中立"，并说他将使他的朋友知道他的进展，以便他的朋友得以及时做出决定。

后来，墨索里尼又接连写了几封信，这些信写得一封比一封详细、热情。虽然德国将领们对意大利参战或者不参战毫不关心，但是，希特勒很重视意大利的参战。

就在法国岌岌可危之际，墨索里尼开始诉诸军事行动，意欲分一杯羹。对于这次蓄谋已久的行动，墨索里尼厚颜无耻地说：

> 我只要付出几千条生命作代价，即可成为战争参加者坐到和谈的桌旁。

欧战爆发时，意大利还没有做好参战准备，一部分官员和与英国有密切关系的垄断资本家害怕参战会损害他们的利益，反对意大利过早卷入欧洲战争。

德国入侵波兰后，墨索里尼曾表示希望立即参战，但无奈国内准备不足，只得暂时采取中立立场，宣布意大利是"非交战国"。

1939年10月，希特勒建议意大利在德波战争结束后参战，墨索里尼表

示即将参战。希特勒在北欧取胜后，意大利的亲德势力更是蠢蠢欲动，积极鼓动意大利站在德国一边向英法宣战。墨索里尼出于实力不强，没有贸然从事，决定再观望一下等待参战的有利时机。

1940年3月初，希特勒写信给墨索里尼，极力要求意大利和德国并肩作战。这时墨索里尼看到德军"节节胜利"，担心"战争结束、胜利到来时两手空空，一无所获"，于是，他再也不顾军事准备不足，接受了希特勒的要求。

3月18日，希特勒和墨索里尼在布伦内罗会晤，最后商定，意大利将站在

希特勒和墨索里尼会晤

德国一边参战，但没有明确给出参战的具体时间。

5月25日，墨索里尼写信给希特勒说，"意大利在6月5日以后参战"。5月30日，他又写信给希特勒，要求在6月5日参战。但是，希特勒认为自己已稳操胜券，不愿让意大利参战，分享胜利果实。

6月1日，希特勒答复，要墨索里尼推迟参战日期。

6月10日，德国在法国的胜利已成定局。墨索里尼在威尼斯宫的阳台上匆忙宣布，意大利对法宣战。

6月11日，意大利集中王储乌姆贝托亲王指挥的"西方"集团军群对法作战。

此前，法国曾把法意边界上的部分驻军撤走，投入到索姆河和埃纳河一线对德作战，留在法意边界上的奥尔里将军指挥的法国阿尔卑斯集团军，兵力只有6个师，总共17.5万人，远不如意大利集团军群多。

但法军占据有利的防御阵地，而意大利各师则集中在狭窄的山谷，部队无法展开。

意大利统帅部最初没有采取积极的战斗行动。意本土空军作战时只使用了有限的力量，仅对比塞大、土伦和若干机场进行了空袭。联军指挥部仅派法国海军攻击热那亚军事工业区，派英国空军轰炸威尼斯附近的贮油池。在陆战区双方进行了炮战，巡逻队也发生了小冲突。

意大利对英法宣战后，意军虽在战场上没有取得显赫战果，但给法国施加了新的压力。

正如法国驻德大使弗朗索瓦·蓬塞说的那样，"这不过是在一个被打倒在地的人身上捅了一刀罢了。"

法国总理雷诺当天也不无痛心地说："意大利人是多么杰出的、高贵的、令人敬佩的民族，这个时候在我们背上插了一刀。"

第二次世界大战的展开

德国法西斯
攻占法国首都巴黎

1940年6月10日，德军装甲师在塞纳河下游两次强渡成功，驻守巴黎以西和以北的法军全面后撤，整个防线面临崩溃。

是日，雷诺总理致电美国总统罗斯福说：

> 今天眼看敌军就要兵临巴黎城下，我们将在巴黎前方战斗；我们将在巴黎后面战斗；我们将在一个省聚集力量进行战斗，万一被赶出该省，就在北非建立根据地继续战斗，必要时我们将在美洲属地继续战斗。
>
> 政府一部分已经撤离巴黎。我正准备去前线，目的是让我们所有的部队继续战斗，而不是停战。

法国总理雷诺

然而，法国总理并没有像他对罗斯福所说的那样上前线去，而是在当夜零点撤往巴黎南部的奥尔良市。

在5月底和6月初的这几天里，法国政府和最高统帅部始终没有决定是否在巴黎城内进行抵抗，他们考虑更多的是把政府迁出巴黎，以免成为德

019

🔺 德军占领巴黎

军的俘虏。所以迟至6月9日，是否在巴黎抵抗的问题还悬而未决。

为了保卫首都巴黎，到6月8日，法军集结了大约10000名兵力，配备有200门反坦克炮和数百挺机枪，驻守通向首都交通要道上新修的400个地堡内。此外，还部署了30辆坦克，并设置了长达数千米的反坦克障碍物和壕沟。

6月9日，魏刚命令部队沿"巴黎城防工事"建立一道防线，由巴黎卫戍司令皮埃尔·赫林将军指挥新编的"巴黎集团军"防守。

11日，赫林召集塞纳河地区各县县长和警察局长开会，要求死守巴黎。

6月12日，在西南，德军在巴黎近郊防御阵地的西段强渡塞纳河，从韦尔

农附近直扑埃夫勒，然后又进逼德勒。在东面，德军在马恩河地区以南进抵蒙米赖。巴黎处在东西两面夹击之中。

次日晚，赫林根据政府和总司令的命令，未经战斗就放弃巴黎以北的防御。法军护城部队撤至巴黎以南的朗布依埃—儒维西一线。

当天下午17时10分，德军先头部队抵达巴黎北郊。随后，德军B集团军群所属部队包围巴黎。

6月14日晨，德国第十八集团军一部开进巴黎，法国政府大厦的上空和埃菲尔铁塔顶端升起纳粹的旗帜。

B集团军群司令博克在香榭丽舍大街举行了阅兵式。这座著名的大城市几乎空了，大多数的居民离开了巴黎。

此时，法国国内难民多达600万人，在法国各条道路上，难民川流不息，城乡居民为避开希特勒的魔爪纷纷逃往南方。法国政府也只好从图尔迁往波尔多。

世界联盟

第二次世界大战的展开

英国奋起抵抗

　　欧战爆发的半年时间内，德军侵占北欧和西欧，与英国隔海相望。英国面临着德军直接入侵的严重威胁。但是，英国政府没有屈服。法国投降后，英国采取了一系列重大措施：丘吉尔临危受命组阁新政府，向美国出租空军基地换取作战武器，发动国民参战抗敌……新举措激发了英国民众的抗战热情，英伦三岛严阵以待，准备歼灭一切来犯之敌。

丘吉尔临危受命
组阁新政府

由于张伯伦政府错误的绥靖政策，在一定程度上使英国处于尴尬难堪、岌岌可危的境地，英国民众对这一点认识逐渐清晰起来，产生的直接影响便是对张伯伦这位"爱好和平"的老人的由衷失望。

与此同时，丘吉尔的声望不断上升，这是因为他身为海军大臣而显示出来的魄力和斗争精神给英国人民留下的深刻印象。

在英国下院举行的一次对政府的信任投票中，张伯伦由以前250多票一下子降至81票。投票结果表明，众多议员对政府不满，他们不拥护张伯伦继续担任首相。

1940年5月9日，英国还就是否赞成张伯伦继续任首相举行了一次民意测验，结果只有22％的人表示赞成，58％的人表示不赞成，10％的人没有表态。在丧失议会的支持后，张伯伦感到他和他的政府已难以为继，不得不被迫辞职。

5月10日凌晨，德国对西线的进攻开始了。鉴于大敌当前，情势危急，张伯伦接受了成立一个真正的联合政府的建议，于下午18时左右向国王递交了辞呈。

1940年5月10日18时30分，即张伯伦提出辞职半小时后，丘吉尔被召到王宫授权组阁。对此，包括保守党、工党和自由党在内的3个主要政党领袖都赞成他任首相，并同意参加战时内阁。

在丘吉尔出任英国首相的当天晚上他的战时内阁就组建完毕，并把名单呈交给国王。

11日，第一批大臣名单得到了国王的同意，在征得工党全国执行委员会议的赞同后，不久便公布于众。战时内阁由5名成员组成：丘吉尔任首相兼第一财政大臣、国防大臣和下院领袖，张伯伦任枢密院院长。三军大臣不属于战时内阁成员，但辛克莱可以自由党领袖资格出席战时内阁会议，讨论重大问题。

新的战时内阁公布后，丘吉尔立即下达指示，要求内阁成员和各位大臣在一个月内不要搬迁住所，他本人也将暂时

英国首相丘吉尔

住在海军部大楼里，地图室和楼下的几个好房间被作为新内阁的临时总部。这项措施在战争的紧要关头避免了一些麻烦。

为了在战时便于处理事务，丘吉尔组建的5人战时内阁是小型内阁，5位阁员都是主要政党的领袖，由他们集中掌握英国的军政大权，能得到议会所有政党的支持和广大人民的拥护。

025

英联邦联手美国
抗击侵略者

　　面对德军的入侵威胁，英国进行了总动员，做了大量的抵抗准备。要拯救英国，只有同美国结盟，争取美国的援助，除此别无出路。

　　1940年5月15日，丘吉尔致电罗斯福，要求借用四五十艘旧的驱逐舰和数百架最新式飞机。5月18日，丘吉尔再次致电罗斯福，强调："援助要发挥作用的话，就必须从速发挥。"

　　罗斯福认为，"合众国眼前最有效的防御就是大不列颠成功地保卫它自己。"美国也很需要英国继续与法西斯战斗。6月间，美国援助英国50万支步枪、55万支 中锋枪、22000挺机枪、895门野战炮。

　　9月3日，英美两国达成协议，英国将纽芬兰、百慕大、巴哈马群岛、牙买加、安提瓜、圣卢西亚、特立尼达和英属圭亚那等8个空军基地租借给美国，租期99年，美国则给英国50艘旧驱逐舰，以加强大西洋的反潜活动。9月6日，首批8艘驱逐舰移交给英国。

　　英国还组织机动部队，准备打击入侵者。1940年5月至8月，国民自卫军已由100万人准备发展至150万人。

为抗击德军登陆，在英国南部和东南海岸修建油池，准备在德军舰船驶近海岸时进行"火攻"。

6月至8月，英国计划生产飞机900架。6月6日，第一批8个营的兵力从印度启程，7月25日赶到英国加强防务。此外，从澳大利亚抽调的部队也已启程，准备参加抗登陆作战。

6月25日，英国本土部队总司令艾恩赛德将军制订了防御计划，主要包括：一是在沿海德军可能进犯的海滩修筑"覆盖式"战壕；二是建立一条穿过英国东部中心的反坦克障碍，由国民自卫军防守；三是后备部队部署在反坦克障碍后面，以便组织反击。

6月28日，丘吉尔要求参谋长委员会组织坚固的防御，封锁可能遭受袭击的海滩，对东海岸的港口采取安全措施，在需要设防的海岸部署守备部队，如德军占领某个港口，需采取坚决措施进行反击。从受威胁程度看，英国南部为"采取最高戒备措施的地

二战时期的军舰

区"。

1940年夏，英国本土共有机场和油库324处，雷达站51个。海军在一些水域布设水雷，在便于登陆的海滩设置障碍，陆军则构筑坚固的防线，挖掘反坦克壕，建筑混凝土掩体。

英国还实行"公民之战"，至1941年2月，共建有250万个家庭防空洞，在伦敦，三%的人可以进入防空洞。

8月初，划定3道防线阻击德军入侵，"敌人的港口"为防御德军入侵的第一道防线，用空中侦察和潜艇监视获取情报，用一切兵力袭击德军船只；严密的海上巡逻作为第二道防线，截击入侵部队。德军登陆地点是第三道防线，组织海空军不断反击。最后是机动部队对登陆德军进行反击。

9月间，英军在南部海岸线部署了16个精锐师，包括3个装甲旅，拥有240辆中型坦克、108辆重型坦克、514辆轻型坦克、498门反坦克炮。

9月7日，英本土总司令部根据参谋长委员会下达的待命指示，对东岸和南岸指挥部以及伦敦地区的所有部队发布代号为"克伦威尔"密令，指出德军的登陆行动已迫在眉睫。

9月8日，英军参谋长委员会要求本土总司令规定一个特定的中等程度戒备的信号，以便遇到情况时能按等级加强战备。

9月11日，丘吉尔在下院指出："下星期前后，是我国历史上非常重要的时期，可以与西班牙无敌舰队逼近英吉利海峡的那些日子"相提并论。

9月11日、14日、18日、21日，英国空军对集结在比利时、法国各港口的德军舰船实施攻击，共炸沉德国渡船5艘、轮船9艘、驳船84艘和拖船7艘。尽管英国采取了以上措施，加强了防务，但形势仍异常严峻。丘吉尔在1942年回顾这段历史时说："1940年，入侵的军队大约只要有15万精兵，就能使我们十室九空，生灵涂炭。"

028

大不列颠粉碎
希特勒登陆梦想

　　1940年4月至6月，德军横扫北欧和西欧，迫使英军撤出欧洲大陆。从此，德国控制了挪威、丹麦、荷兰、比利时、卢森堡、法国等国，与英国隔海相望。英国面临德军直接入侵的严重威胁。但是，英国政府并没有屈服。法国投降后，英国采取了一系列重大措施，加强本国的防御能力。

　　1940年6月24日，丘吉尔致电加拿大首相麦肯齐·金，表示不与希特勒进行任何和平谈判。

　　6月底，丘吉尔拒绝了罗马教皇和瑞典国王关于德英和解的建议。对于希特勒7月19日的"和平呼吁"，英国外交大臣哈利法克斯于7月22日通过广播断然予以拒绝。

　　德国的"和平呼吁"遭到英国拒绝后，希特勒转而准备诉诸武力。

　　但有英吉利海峡相隔，对英作战将不同于此前的战斗。德国海军总司令雷德尔认为，德国海军实力有限，加之缺乏足够的时间和物质基础，在英国登陆作战将十分艰难。早在1940年5月21日，德军刚进至英吉利海峡一侧，他就与希特勒探讨过"将来在英国登陆的可能性"。他指出："攻英成功的绝对条件在于取得制空权，如果下令入侵英国，须有详细的计划，绝不可草率从事。"

　　6月30日，德国国防军指挥局局长阿尔弗雷德·约德尔在继续对英作战备忘录中指出：只有"需要对军事经济已陷于瘫痪、几乎无力进行空战的英国进行致命打击"时，才能对英国实施登陆。同时他强调，"尽管如此，仍应为登陆做好十分周密的准备"。在具体实施时需采取3个步骤：

加强德国空军和海军对英国船舶、仓库、工厂和皇家空军的打击；对居民区进行恐怖轰炸；登陆占领英国。其中，对英国空军的作战应占最优先的地位。

希特勒同意约德尔的分析。

7月2日，德军统帅部发出关于继续对英作战的第一道指令。该指令着重指出，如能取得空中优势并具备其他必要条件，德军可能在英国登陆，准备工作必须立即开始。

7月11日，德国海军总司令雷德尔又向希特勒进言，德国可使用潜艇封锁英国，使用空军袭击英国海军护航队，并对英国主要城市进行猛烈轰炸，迫使英国求和，但不赞成登陆作战。他建议希特勒把登陆"当做迫使英国乞求和平的最后一着棋"，而且要等德国空军消灭了英国空军，并把所有英国海军赶出海峡地区才能实施登陆。

1940年7月16日，希特勒正式下达关于对英国实施登陆作战准备的《第十六号指令》，其行动代号为"海狮"。指令说：

鉴于英国不顾自己军事上的绝望处境，仍然毫无准备妥协的表示，我已决定准备对英国实施登陆作战。

如有必要，即付诸实施。这一作战行动的目的是，消除英国本土作为继续对德作战的基地，如有必要，就全部占领之。

尽管希特勒下达了《第十六号指令》，但他对能否顺利登陆没有把握。

7月31日，希特勒在与三军首脑会谈时，就入侵的时机、海潮、天气和能见度以及船只的集中等问题进行了协商。

在入侵时机上，一种观点认为，在1940年实施登陆是可能的，但无法在9月15日前准备好。雷德尔认为，登陆的最佳时间应在5月或6月，因此，登陆将推至1941年。但是，希特勒认为推迟登陆，将给英国留下喘息时间，使英

军恢复元气，因此坚持在1940年实施登陆。

不过，希特勒答应如果德国空军不能彻底摧毁英国的海空军的话，登陆行动可以推迟至1941年5月。

参加空袭英国的德国空军部队共有3个航空队。第二航空队司令为阿尔贝特·凯塞林，司令部设在比利时的布鲁塞尔附近，负责突击英国东南部包括伦敦在内的广大地区；第三航空队司令为胡戈·施佩勒，司令部设在巴黎市郊，负责突击英国西南部地区；第五航空队司令为施通普夫大将，司令部设在挪威，负责突击英国的东北部。3个航空队总计有3000多架飞机。

德军进攻法国时，丘吉尔已料到一旦法国战败，德国将进攻英国，并且

将首先对英实施空袭。

为此，他在法国之战正酣、亟待英国空军支持时，坚持在英国本土保留一部分战斗机部队，以便抗击德军对英伦三岛的空中进攻，并在空军部之下成立了以战斗机航空兵为主体的防空指挥部，由战斗机航空兵司令道丁任总指挥，统一指挥战斗机部队、高射炮兵、雷达分队、预警和观察分队。

英军参加抗击德军空中进攻的主力是战斗机航空兵，共有4个航空队。

从7月10日开始，德国空军对英国实施零散空袭，其主要袭击目标是英国在英吉利海峡的商船队和多佛尔到普利茅斯之间的港口，并诱使英国空军出击。

英国舰船和港口受损颇重，但只以少量战斗机迎击德军，使德军未能达到目的。至8月12日，德军损失飞机286架，英机损失150架。

为了给最后征服英国创造条件，8月1日希特勒发布对英国进行空中和海上战争的《第十七号指令》。

指令要求：

德国航空兵部队应以其所有的力量尽快打垮英国空军。攻击的目标，首先是敌航空兵部队及其地面设施和后勤设施，其次是敌航空军备工业，包括生产高射兵器的工业。

在取得暂时或局部的空中优势之后，应继续对敌之港口特别是对生产资料储备实施空中打击。

空中打击从8月13日正式开始了，英国的战斗机场、补给设施、雷达警报站以及飞机制造厂，均是德军空袭的主要目标。

德军在第一天作战中，轰炸机所要攻击的目标是英军战斗机机场，但由于情报不准确，德军在第一天攻击的机场中没有一个是战斗机机场。

8月15日，德军对英军战斗机部队发动了全面的大规模空中进攻，掀起了开战以来的第一个空袭高潮。

德军24小时内共出动飞机1786架次，这一天的作战，首先由德军第二航空队发起。11时30分，第二航空队的40多架俯冲轰炸机在邓杰内斯角附近遭到英军战斗机拦截后，立即转弯并成功地突击了利姆机场和霍金奇机场。

8月16日，德国空军的主要目标是西莫灵机场和唐莫尔机场，以及英军战斗机部队所属的戈斯波特、索伦特海峡畔利村、布里兹诺顿、哈韦尔和范堡罗等机场。唐莫尔机场的很多建筑物和14架飞机在地面被炸毁或炸伤，水电供应暂被切断。这一天，德军出动飞机1720架次，损失45架飞机；英军损失21架战斗机，另有46架飞机在地面被炸毁。

8月18日，德国空军又对肯利、克罗伊顿、比津山、西莫灵等机场进行了一系列大规模空袭。此后直至24日早晨，因天气不好，德军暂时中止空袭。

8月19日，德军改变作战方针，将全面进攻改为重点进攻，集中力量打击英国战斗机部队的主力——第十一航空队所在的英国东南地区的空军基地。

戈林命令，英国的战斗机部队作为今后昼间大规模攻击的主要目标，要用足够的轰炸机去诱骗担负防空任务的英军战斗机中队；第二、第三航空队要尽最大可能削弱英国战斗机部队。

8月24日，德国对英空袭重新开始。英军发现德军突击编队中的战斗机比以前多了，轰炸机少了，而且德军的战斗机始终靠近轰炸机，不像以前那样飞得过高或离得太远。

相反，担负护航的德军战斗机飞行员感到，英军的飞行员不愿与他们交战，而把主要精力放在对付德军的轰炸机上。于是，德军便使用小股战斗机编成密集队形一批接一批地出动，使其在雷达屏幕上看起来像轰炸机，以此诱骗英国战斗机升空作战。

待英军战斗机与德军战斗机打得弹尽油绝、不得不回到地面加油充弹时，德军轰炸机才猛扑英军机场，轰炸停在机场上的英军飞机。

8月25日至26日，德军照例在上午使用小编队进行广泛的、无目的的袭扰性轰炸，尽管这些作战没有给英军造成什么破坏，但疲惫了英军战斗机部

队。下午，德军使用大规模突击力量进行突击。

两天之中，德军损失飞机61架；英军损失42架，虽然损失没有德军大，但已远远超过英国战斗机部队所能承受的程度。

30日和31日，德军增大攻击强度，空袭英军第十一航空队的比津山、卢顿、代特林、德伯旦和东教堂等机场；夜间仍然出动200余架飞机继续空袭利物浦-伯肯黑德等城市。从8月28日至31日，德国空军共出动飞机5141架次，昼夜不停地对英国的机场、雷达站和城市进行轰炸。

从8月24日至9月6日，德军在对英军战斗机部队的重点进攻中，共出动13724架次，平均每天出动上千架次。英军共出动战斗机10000多架次，平均每天出动近800架次。

在激烈的作战中，德军共损失飞机380架，英军损失286架。经过12天的紧张轰炸，英国战斗机部队受到很大损失，至9月6日，英国空军的飞机已入不敷出，后备飞机储备不足200架，几乎难以支撑。

9月7月下午17时，德军第二航空队组织1020架飞机向伦敦进发，其中包括372架轰炸机和648架护航战斗机。

英国空军第十一航空队的指挥官以为，德军的空袭机群还会像以往那样扑向他们的机场、雷达站和指挥机构，所以仍将已经起飞的23个战斗机中队集结在泰晤士河以北，以抗击德军对其战斗机部队的空袭。因此，通向伦敦的空中之路基本上是畅通无阻的。

德军的突击编队只受到很小的干扰，300多架轰炸机中有200多架突入伦敦市区，伦敦市区受到很大损失，300多平民被炸死，1300多人受重伤。在这次轰炸中，英军先后有21个中队与德机交战。

德国空军抛下英国的战斗机部队，将进攻矛头转向英国城市，给疲惫不堪的英军战斗机部队以喘息之机。

9月9日下午，德军第二航空队又对伦敦发动了第二次大规模的昼间轰炸。

这一次，英国空军第十一航空队早有准备，有9个中队进入预定空域；第

十航空队和第十二航空队也紧密配合。英军第十一航空队司令帕克把他的中队部署在前沿以迎击两个德军突击编队。

第一支突击编队被拦截，并被迫把炸弹投在坎特伯雷。第二支突击编队在英军战斗机的猛烈攻击下被迫逃往伦敦郊外，并在郊外上空展开交战。德军轰炸机将炸弹胡乱丢在郊区。

英军的战斗机对德军突击编队的拦截非常成功，致使多数德机在到达伦敦之前就被击落，只有不到半数的轰炸机冲过防线。这些冲过防线的德机在英军战斗机的不断追击下，也难于实施准确的瞄准轰炸，没有给伦敦造成什么损失。

这一阶段的损失使希特勒不得不把入侵英国的"海狮"计划推迟至9月24日。

9月15日，德军第二航空队出动400架战斗机和近100架轰炸机轰炸伦敦。当德机刚穿过英吉利海峡，便有一大群英军战斗机压顶而来。两个"喷火"式战斗机中队领头攻击，另外还有3个中队参加坎特伯雷上空的战斗。

接着，英军第十二航空队的5个中队也参加作战。"喷火"式战斗机与德国战斗机交战，而"飓风"式飞机则专门搜索轰炸机。在英军"飓风"式战斗机追击下，德军轰炸机只得钻入云层躲避，或把炸弹胡乱一丢便仓皇逃窜。

下午15时，德军发动了当天的第二次攻击。

这一次，德军没有像往常那样利用佯攻去诱骗英军战斗机离开预定空域。当德军第一批飞机到达英吉利海峡上空时，英军第十一航空队已命令12个中队进入预定空域。

德机穿过英国海岸进入英国本土后，第十一航空队又增派了7个中队，第十二航空队也增派了5个中队，第十航空队也从西边派来一个中队。

这时英军共有近26个中队在空中迎击德军3支突击编队。

德军第一支突击编队首先与两个"喷火"式战斗机中队交战；第二支突击编队则陷入一大批"飓风"式战斗机的重围，它们被迫突围，并一边撤退

一边投炸弹；第三支突击编队向伦敦径直闯去，也被英军战斗机团团围住，一部分轰炸机抽身撤出战斗逃去，留下来的那些德军轰炸机及其掩护的战斗机则与英军战斗机从伦敦市中心一直打到伦敦西部郊外。

接着，英军第十一航空队的10个中队和第十二航空队的5个中队参加了空战。这一连串的战斗，使这一天的空战达到顶峰。德机被英机击毁56架，被高射炮击落4架。英机损失26架。9月15日，被定为"不列颠之战日"。

1941年1月，希特勒下令：除少数长期措施外，所有入侵英国本土的准备工作全部停止。事实上放弃了从海上进攻英国本土的"海狮"计划。

为了掩盖德军进攻苏联的企图，德军对英国城市的轰炸一直持续至1941年5月。1941年5月16日夜间，德军象征性地轰炸了伯明翰，最终结束了对英国长达9个月的战略轰炸。不列颠之战就此结束。

不列颠之战粉碎了希特勒登陆英国的梦想，这是第二次世界大战爆发以来，反纳粹德国联盟取得的第一个重大胜利。

第二次世界大战的展开

英国对德国
实施战略轰炸

1940年5月10日，德军闪击荷兰、比利时、卢森堡和法国。次日，以丘吉尔为首的英国战时内阁决定，英国空军轰炸机部队对德国实施战略轰炸。

然而此时，英国空军大部分轰炸机部队都被牵制在西欧战场，支援地面部队作战，战时内阁在是否立即对德实施空中进攻问题上尚犹豫不决。

5月15日，局势恶化，英国战时内阁决定，英军轰炸机部队突击德国莱茵河以东地区。当天夜间，英军轰炸机部队出动近百架轰炸机轰炸了德国鲁尔地区的合成石油工厂和铁路枢纽，拉开了对德国战略轰炸的帷幕，盟军对德国的战略轰炸作战正式开始。

对德战略轰炸开始后，英军对轰炸目标没有形成统一而明确的认识。

早在1939年1月，英军曾制订了13个以德国为作战对象的空中作战计划。英国空军在战争准备过程中，把突击德国经济目标的计划列为作战重点。

欧战爆发后，英国空军的作战计划只剩下两个——打击德国交通运输系统和打击德国石油工业系统。

1940年5月，英国空军参谋部给轰炸机航空兵的命令中指出，轰炸石油系统的目标是击败德国的重要方法。如果在空中突击行动中能将德国的石油储备削减的话，那么到1940年8月，战场形势就可能发生根本性的转变。因此，在对德国战略轰炸作战开始后，英军轰炸机部队拟通过对德国的石油生产目标实施夜间精确轰炸，达到既定的战略目的。

英国空军参谋部确定了17个德国石油工业目标，并把其中的9个作为重点

突击目标。这9个重要的石油工业城市生产的石油，占当时德国石油产品产量的83％以上。

英军对德国战略轰炸作战计划，是建立在英国空军拥有对德空中优势的基础之上的。但是，英军轰炸机在施行战略轰炸中，因德军战斗机的有效截击和地面防空火力而不断遭受损失，英军不断调整对德国的战略轰炸作战方针，改变作战计划。

英军对德战略轰炸全面展开后，为减少轰炸机的损失，轰炸作战由昼间轰炸转为夜间轰炸。在对德国的经济目标进行夜间精确轰炸时，由于当时机载领航设备较为简陋，对点状目标的突击主要靠目视搜索、光学瞄准轰炸，加上夜间能见度低，很难找到预定突击目标，即使找到突击目标，依靠目视光学瞄准系统攻击命中率也非常低。

英国战机

6月，英国空军参谋部指示轰炸机部队，如果无法准确发现德国石油工厂，就突击德国其他的军事工业目标。特别是对突击飞机航程以内的德国飞机工厂集中的地区进行突击，即重点轰炸汉堡、不莱梅、鲁尔和法兰克福等地区。

英军规定，德国的石油工厂是首选目标，飞机工厂和铁路枢纽是备份目标。如果两者都找不到，那么可以袭击任何发光的目标或可以识别的目标。

1940年年底，英军轰炸机对德国的两个工厂分别进行夜间精确轰炸英军轰炸机部队的照相侦察部队空中照相结果表明，这两个工厂均未遭到严重破坏，工厂的生产所受影响不大。

在实战中，英军轰炸机部队频繁地轰炸了德国或德占区的铁路枢纽。一段时间里，英军将铁路枢纽作为夜间轰炸的主要突击目标，以期通过破坏德国的交通命脉干扰和破坏德国战时经济的正常秩序。但是，经过一段时间的轰炸作战，效果并不明显。德国对英实施大规模空袭后，英军对德战略轰炸作战方针由重点打击德国的经济目标，转变为重点打击飞机工业，削弱德国空军的作战能力，从而夺取空中优势。

1940年6月20日，英国空军参谋部针对德国对英国本土大规模入侵的威胁，明确指示轰炸航空兵的"主要攻势应集中于特定目标"。

根据这一指示，英军轰炸机部队转而突击了德国西部的铝厂、飞机组装厂、飞机储存地。为阻止德军对英国实施登陆作战，1940年7月，英军轰炸机部队受命突击了德国的鲁尔、汉堡、不莱梅以及荷兰的鹿特丹等德军重要的造船厂和海军基地。

实战结果表明，英军轰炸机的瞄准误差较高，即使在夜间能见度好的情况下，瞄准误差也不小。因此，命中率较低。

在这种瞄准误差的情况下，以当时英军的轰炸机数量，要想通过精确轰炸达到预定作战目的是不可能的。因为根据目标计算，英军一线轰炸机兵力必须保持在4000架左右，才能达到预定目标，而当时英军轰炸航空兵一线兵力只有500架左右。因此，从1940年12月起，英军轰炸机部队的作战行动逐步

由夜间精确轰炸转变为夜间面积轰炸，轰炸方法的转变最终又引起轰炸目标的改变。1941年5月，前英国空军参谋长特伦查德致函丘吉尔首相，坚决主张对德国城市实施面积轰炸，瓦解其抵抗意志。他在信中指出：

战争经验表明，德国非常担心对手对其城市进行士气轰炸，因此英国空军就应该对德国的城市进行反复的轰炸。

如果英国空军对海上的舰船进行突击的话，99%的炸弹都会投在水中；如果对敌占区的目标进行轰炸，99%的炸弹会炸死昔日共同战斗的盟友；如果轰炸德国的城市，那么99%的炸弹会对瓦解德国的士气作出直接的贡献。

尽管特伦查德早在20世纪30年代初期就已离开英国空军参谋长的职位，但他一直同英国空军保持着密切联系，对英国空军作战方针的决策依然能产生重要的影响。特伦查德的建议加速了英国空军对德国战略轰炸作战方针的转变。

1942年3月至6月，为了扩大对德国城市的破坏程度，在尽可能短的时间内最大限度地瓦解德国民心士气，英军轰炸机部队对德国鲁尔区的埃森、科隆、杜伊斯堡和杜塞尔多夫等城市进行了夜间轰炸。

英军轰炸航空兵司令哈里斯认为，集中兵力进行一次大规模、高强度突击比分散突击效果要好。

5月18日，哈里斯向空军参谋长波特尔明确提出，在一次夜间行动中出动千架轰炸机对一个德国城市进行集中轰炸的设想。

这一大胆的设想立即得到英国首相丘吉尔的支持与批准。波特尔授权哈里斯尽早做出计划与安排。哈里斯等人经过多次商量，最后把攻击目标定在了德国鲁尔工业区内重要的工业城市科隆。

5月30日夜间，在哈里斯的直接指挥下，英国空军出动1046架轰炸机，其中4发重轰炸机292架，双发轰炸机754架。当这些飞机在英国起飞时，天气并

不理想，但当进入欧洲大陆后天气逐渐好转，科隆上空只有少量薄云，能见度很好，对英军夜间作战来说非常理想。

这千余架轰炸机顺利地找到目标并投下了燃烧弹，使科隆市区燃起大火。后续梯队在很远的地方就看到了光火，它们径直向目标扑来。

德军高炮很快就对来袭的英军轰炸机开始射击，密集炮火平均每七八分钟击落一架英军轰炸机，一分多钟击伤一架。英军轰炸机在90分钟内，共投弹1455吨，其中高爆炸弹540吨，燃烧弹915吨。

最后撤出目标上空的英军机组人员，在返航后仍能看到科隆大火。科隆市区遭到破坏，市中心一半以上街区被完全摧毁，并使科隆市与其他城市中断联络达9天之久。

6月1日夜间，英军轰炸航空兵的956架轰炸机组成突击编队，再次实施"千机轰炸"，轰炸了德国鲁尔区的另一个重要工业城市——埃森。在这以后，哈里斯又成功地对德国北部的重要港口城市不莱梅实行了第三次"千机轰炸"。但是后来两次的"千机轰炸"并没有持续多长时间，最大的原因在于兵力有限。

再加上德国采取了严密的防空措施，轰炸机部队的作战效果受到严重影响，所以未能达到阻止德国经济向战时经济转变和瓦解德国民心士气、摧毁其抵抗意志的目的。

英德两国海军
激战大西洋

1938年下半年，德国海军总司令雷德尔根据希特勒的旨意，指示所属人员，研究在海上对英国作战的可能性。

1938年年底至1939年年初，他先后向希特勒提出两个海军建设方案：一个是将重点放在潜艇和装甲舰上，以便同英国的航运作斗争；另一个是建设一支规模不大，但却具有巨大突击力量、能够同英国海军和航运作斗争的舰队。

结果，希特勒采用了第二个方案。很显然，德国针对英国依赖海上运输的弱点，要在战争一开始就破坏其航运。

1939年一月，希特勒宣布废除海军协定后，雷德尔又重新建议建立一支装有内燃机的远洋舰队，以便在对英国海军作战时，能使德国从所处的极为不利的地理位置取得最大的战果。雷德尔的指导思想是要迫使英国海军舰队分散兵力，以便集中优势兵力予以各个击破。

德国海军最后拟订的作战计划是：在英国沿海使用舰队驱逐舰、潜艇和飞机布设水雷；在距英国较远的海区使用潜艇和伪装成商船的辅助巡洋舰破坏英国航运；战列舰、巡洋舰和辅助巡洋舰在大西洋上实施单舰作战或编队作战。德国企图以此迫使英国商船组成护航运输队，并用作战舰艇护航，以便德国可使用强大的战斗舰队攻击英国护航运输队及其警戒舰只。

8月中旬，德国开始在通往英国西部的航道和英国东北沿岸附近部署潜艇。8月21日，战列巡洋舰"海军上将施佩伯爵号"调往南大西洋，部署在南美洲东部沿海。

第二次世界大战的展开

8月24日，又调战列巡洋舰"德意志号"驶往北大西洋。8月31日，希特勒发布《第一号指令》，明确指出德国海军所担负的任务是：

> 重点对英国进行经济战，必须防止敌人进入波罗的海。为达此目的，是否以水雷封锁波罗的海通道，由海军总司令决定。

为了完成这项艰巨的任务，开战后不久，以雷德尔为首的德国海军指挥部转而赞同潜艇舰队司令邓尼茨的主张，将潜艇作为反封锁的最佳兵力，并确定海军建设的重点是建造潜艇。

英军方面也制订了相应的作战计划：

> 一旦欧战爆发，英国海军必须保护和巩固其在大西洋上的海上交通线，封锁德国舰队，切断德国同国外的海上联系。

英国判断，德国派到大西洋的主要兵力是潜艇和少量战列舰。因此，英国海军的总任务是除了保护自己的海上交通线，不让德军水面舰艇从北海侵入外，主要是防御德国潜艇的攻击。其防潜方法是：

> 先在英国海区内进行搜索，为通过危险区的运输船导航，然后再组织护航运输队。

欧战爆发后，大西洋海战的帷幕随之拉开。英国宣布对德实施海上封锁不久，在赫布里底群岛处巡弋的德国U—30号潜艇就于1939年9月3日傍晚发现从英国利物浦驶往加拿大蒙特利尔的英国客轮"雅典娜号"，19时40分许，U—30号潜艇未经警告便向英国客轮发射3发鱼雷，其中一发击中要害。这一事件，标志着大西洋海战的正式爆发。

大西洋海战爆发后，德国海军在大西洋海区逐次投入兵力，破坏英国海

上交通线。潜艇和飞机主要在北海和北大西洋海区活动，大型水面舰艇在南美洲与非洲之间的南大西洋海区攻击英国运输船。由于力量不足，无法同英国海军正面抗衡，所以，德国海军采取分散使用兵力的办法，在广阔的大西洋海区对英国的海上交通线实施机动性破袭战。

在大西洋海战开始时，潜艇是德国海军破坏英交通线的主要兵力。最初平均每天仅有十余艘潜艇出航。

由于数量较少和受停泊条件的限制，单艇作战范围主要集中在北海及北大西洋东部直布罗陀和赫布里底群岛之间海区，攻击重点指向盟国大西洋海运线汇合处英吉利海峡和比斯开湾以西海峡。多以单艇在接近英国基地、港口的航道上和近岸航线的交通要道上进行伏击。

但是，希特勒为避免过分刺激英法，下令德国海军只袭击武装的或由军舰护送的商船，活动范围局限于大西洋东部海域，不触犯大西洋西部美国所宣布的泛美安全区。

之后，德国海军才分别取消对英法的此种限制，广泛地开始潜艇战。

英国加强近海反潜措施后，德军潜艇便在广阔海区游猎。

1940年1月至3月，德国海军潜艇作战没有新的进展。4月9日，德军在挪威登陆，海军便把潜艇基地扩大到斯塔万格、特隆赫姆。

法国投降后，德国潜艇进驻法国布雷斯特、圣纳泽尔、洛里昂、拉帕利斯和波尔多等港口。

由于潜艇进入大西洋的距离缩短，在海上活动的数量增多，加上指挥的便利，德国潜艇自1940年7月逐渐转到北海峡和大西洋中部进行艇群作战，频繁袭击英国运输队。

1940年7月至10月，被称为德国海军潜艇作战的"黄金时代"。

1941年年初，英国海军接收了美国支援的50艘驱逐舰，护航兵力有所增加，在3月上中旬的10天内，先后在冰岛与赫布里底群岛海区击沉德军5艘潜艇，包括3艘王牌潜艇。从此，德国海军潜艇向西撤离，开始在横越北大西洋航线上进行搜索作战。

被击毁的船只 ◖

1941年上半年，德国在大西洋活动的潜艇平均每天增至25艘，意大利潜艇也开始参加作战，致使盟国和中立国商船损失的总吨位数持续上升。

1941年4月，美国把泛美安全区从西经60度向东延伸至西经26度，并于9月由美国海军提供护航，这样便使德国潜艇受到限制。

6月22日，德军入侵苏联，德国潜艇随后开始攻击同盟国驶往苏联北方港口的护航运输队。

12月珍珠港事件发生后，德国海军潜艇又开始在北美洲和中美洲沿海进行单艇作战。

从1939年9月至1941年12月，德国潜艇共击沉盟国舰船410万吨，占这期间盟国舰船损失总数760万吨的54％，德国也损失潜艇40余艘。

针对战争初期德国海军的攻势，英国海军投入各种兵力实施反封锁作战。英国海军进行封锁作战的主要兵力是大型水面舰艇。欧战前夕，英国海军部队已装备声呐，足以对付潜艇的威胁。

英国海军为了防止德国海军舰只进入大西洋，派出了若干艘战列舰、巡洋舰和舰队驱逐舰，在英国与加拿大之间以及英国与美国之间的航线上对航运实施直接警戒。经常变换运输船队的航线，在交通要道附近海区派出巡洋舰进行巡逻。

1939年9月初，英国海军部组建了一支特别作战群，编有战列舰"纳尔逊号"和"罗德尼号"、战列巡洋舰"反击号"、航空母舰"皇家方舟号"、巡洋舰"曙光号"和"谢菲尔德号"以及舰队驱逐舰10艘。

此外还包括北海巡逻队的舰船，其任务是阻止德舰进入大西洋，负责直接掩护英国和挪威之间的航运。

为此，海军部还拟定使用驻泊在罗赛特和斯卡帕湾的海军主力支援北海巡逻队，并抽调一部分兵力在挪威海南部和堡克尼群岛之间进行巡逻，组织一个舰群在妾近多佛尔海峡的通道上掩护向法国运送部队与装备的船只。

为了控制接近英吉利海峡和爱尔兰海入口的西部通道，掩护往返于英国和法国各港口之间的船只，在波特兰组建一支名为"海峡部队"的舰艇支

队。此外，还向直布罗陀派出一个独立作战群，负责阻止德国海军潜艇进入地中海。

英军封锁作战的另一项措施就是布设雷障进行防潜。此外，为了加强对德国海军的封锁，英海军曾使用快速布雷舰和驱逐舰在德国控制的海区进行数次布雷。

英国布雷效果较好，但开始得较晚，至1940年4月13日才开始第一次布雷。当德军在西欧发起攻势时，英国海军又把布雷封锁问题降到了次要位置。

为了封锁和破坏德国的海上交通线，英国成立特种辅助巡洋舰队，监视通往德国的航运，强行检查往返于德国港口的运输船，截获德国船只。在冰岛附近、赫尔果兰和斯卡格拉克海峡的出口处，以及挪威沿海附近部署潜艇，袭击德军舰船。

1940年6月，德军占领挪威和法国各基地、港口后，英国海军为了阻击德国海军水面舰艇和潜艇进入大西洋，开始将潜艇部署在挪威和比斯开湾德军基地附近海区，航空兵也开始在德军新设基地的航道上布雷。

英国海军航空母舰舰载飞机在战争初期装备的是普通炸弹，不适于反潜。自1939年9月17日"勇敢号"航空母舰被德国U—29号潜艇击沉后，英国停止使用航空母舰反潜，而把反潜巡逻任务交给岸基航空兵负责。

但岸基航空兵巡逻受距离的限制，发现德军潜艇机会少，直至1940年1月，英国海军才有几架飞机开始安装雷达，投入反潜。英国海军对反潜炸弹的研制较晚，而航空兵又都是单独行动，很少与水面舰艇进行协同作战，因而岸基航空兵反潜效果不大，仅在1940年中期才击沉德国海军U—64号潜艇。苏德战争爆发后，德军对英国本土的空袭减少，使英国得以抽调部分掩护基地的航空兵加强护航运输队的空中掩护，并派出较好的舰只为运输队护航。

1941年9月，美国承担大西洋西部护送快速运输队的任务。12月7日珍珠港事件后，美国直接参战，英美又联合制订了新的护航计划。

世界联盟

第二次世界大战的展开

非洲巴尔干战火

希特勒在欧洲战场频频得手，墨索里尼在非洲与英国几经较量却屡遭惨败，这使墨索里尼非常着急。为提高自己的"威望"，摆脱在与德交往中所处的屈从地位，他一边在非洲继续与英军交战，一边悄悄在巴尔干地区集结军队，准备一举侵占实力弱于英国的南斯拉夫或希腊。墨索里尼的罪恶企图，使非洲和巴尔干地区陷入腥风血雨之中。

德意在非洲的侵略扩张

欧战爆发前，英法共同制订了保卫非洲、地中海和近东的计划。该计划规定：

在战争情况下，盟国必须控制地中海，并对驻利比亚和埃塞俄比亚的意军实施突击，保卫东、北非。

法国败降后，英国本土受到德军直接威胁，东、北非的战略态势发生了有利于轴心国的重大变化。由中东英军总司令韦维尔将军指挥的英军部队只好准备孤军奋战，而英军驻东、北非部队兵力相当薄弱。

墨索里尼决定利用这一有利时机，以优势兵力夺取埃及和英属索马里，控制苏伊士运河和红海，切断英国的生命线，实现其建立地中海大帝国的美梦。为此，意大利集结了50余万人的兵力。

1940年8月4日，意军17个步兵营在装甲兵和炮兵支援下，从早先占领的埃塞俄比亚和厄立特里亚入侵英属索马里。两天后，意军占领哈尔格萨等地。

8月11日，开始向图阿干英军主阵地进攻。驻索马里英军只有1500人，被迫于8月15日至17日从伯贝拉乘船撤往亚丁。8月20日，英属索马里全被意军占领。在苏丹和肯尼亚，意军先后攻占苏丹的卡萨拉镇和加拉巴特镇、肯尼亚的莫亚累镇。但是，英属索马里、苏丹、肯尼亚和埃塞俄比亚人民开展广泛的游击战，迫使意军在这一地区停止进攻。

英军乘机将其在苏丹和肯尼亚的兵力扩大到15万人，同时也加强了埃及的防御力量。

8月底，英军"光辉号"航空母舰和一艘战列舰、两艘巡洋舰在直布罗陀分舰队支援下驶入亚历山大港。经过一段时间的准备，英军兵分两路，于1941年1月在东非开始大规模反攻。

1月19日，北路英军由苏丹东北部向厄立特里亚发起反攻，3月27日攻克通往厄立特里亚首都阿斯马拉的门户克伦。4月1日，英军占领阿斯马拉。4月8日，驻守马萨瓦海军基地的意军投降，意舰被击沉多艘。

南路英军于1941年1月24日突入意属索马里，2月25日占领摩加迪沙，继而北上埃塞俄比亚。3月25日，英军占领哈勒尔。4月6日，夺取埃塞俄比亚首都亚的斯亚贝巴。

5月18日，奥斯塔率意军主力在埃塞俄比亚北部安巴阿拉吉山投降。在埃塞俄比亚西北部，负隅顽抗的意军余部于11月28日投降。意属东非完全落入英军之手。

意大利在北非的侵略扩张稍晚于东非。意军在利比亚驻有两个集团军——第十集团军部署在东部利埃边境，准备向埃及进攻；第五集团军部署在西部，掩护突尼斯方向。

为加强北非的防御，英军将一些英联邦军队调往埃及，并将部分来自敦刻尔克的坦克运到那里。在意军发起进攻时，英军驻北非的尼罗河集团军辖两个师和两个旅，其中一个师在利埃边境展开。

1940年9月13日，意军第十集团军越过利埃边界，向英军发起进攻。英军经短时间抵抗即全线撤退。当天，意军占领塞卢姆，3天后攻占西迪拜拉尼。

然而，意军补给日益困难，被迫停止进攻。尔后，英军继续后撤到马特鲁港附近的预设阵地。于是，在两军之间形成了一个宽阔的中间地带。

意军占领西迪拜拉尼后，开始把注意力转到希腊战场。

10月2=日，意军入侵希腊，同时在非洲继续作战。英军尼罗河集团军利用这一时机调整部署，准备将意军逐出埃及。

12月9日，英军以一个装甲师和一个步兵师向意军第十集团军发起有限目标的反击。英军出其不意地通过意军间隙地，向意军后方实施攻击。意军指挥失灵，大批意军不战而降。

12月1 日，英军收复西迪拜拉尼。12月17日，进占塞卢姆。意军仓皇撤离埃及，向利比亚退却。英军乘胜追击。

1941年1月5日英军占领利比亚要塞拜尔迪耶，1月22日进占图卜鲁克。2月6日，占领意大利在东利比亚的最后一个重要据点班加西。2月10日，英军进抵阿盖拉、马拉达以东一线，占领了昔兰尼加全境。

此时，丘吉尔决定向巴尔干转移兵力，利用意军在希腊的失败，在巴尔干半岛建立军事基地。于是，北非英军一部被调到希腊，而在北非停止进攻。英军在两个月内向西推进800余千米，以较小的代价取得重大战果。

意军在北非的溃败，使希特勒深感不安。对希特勒来说，非洲是一个棘手的次要战区，过早在那里采取行动，将干扰和影响他的整个战略部署。但是，意大利在非洲的惨败，迫使德国不得不分散兵力卷入非洲战事。

1941年2月3日，希特勒同三军总司令磋商时决定：选派一支装甲部队开赴北非，空军对昔兰尼加和马耳他岛的英军实施轰炸，加强与英国海军作战，破坏英国的海上运输。

2月5日，希特勒致函墨索里尼，通报了德国的上述决定，并要求意大利的战机归德军统辖，德意在北非的快速部队由德军统一指挥。

墨索里尼马上接受了德国的条件，把格拉齐亚尼召回国内，以伊塔洛·加里博尔迪接任北非意军总司令，并决定把两个新编意大利师派往北非。

2月11日，德军第五轻装甲师一部作为首批赴非部队抵达利比亚。翌日，隆美尔飞抵的黎波里，并在那里会见了意军总司令加里博尔迪。

18日，德军把派往利比亚的部队正式命名为"德国非洲军"，隆美尔任

军长。为加强这支非洲军，希特勒加强给第五轻装甲师一个坦克团，并决定再组建第十五装甲师开赴北非。

在此期间，英军部分兵力已调往希腊战场。北非英军总司令韦维尔将军虽已获悉德军出兵非洲，但未引起足够重视。他错误地认为，德军要把两个师的兵力和装备调到的黎波里，至少需要两个月的时间。因此，在春天不会有什么危险，德意联军也不会在炎热的夏季发动进攻。

然而，隆美尔不顾德国陆军总参谋长弗兰茨·哈尔德的告诫和北非意军总司令加里博尔迪的提醒，于3月24日指挥德意联军向英军发起试探性进攻，将英军赶到阿盖拉。在没有得到上级同意的情况下，又于3月31日向英军发起进攻。

遇到英军顽强抵抗后，隆美尔放弃正面进攻，改向英军翼侧实施迂回包围。英军不战而撤至艾季达比耶。德意联军乘胜追击，于4月2日攻占艾季达比耶。在隆美尔指挥下，德意联军兵分3路，向北和东北方向发展进攻。希特

前进中的英军坦克 ❤

勒警告隆美尔不能冒险，但此时他的先头部队已经出发。

4月4日，德意联军先取班加西，进而于4月11日包围图卜鲁克要塞。

至4月中旬，德意联军进至利埃边境，占领了图卜鲁克以外的昔兰尼加全境。隆美尔指望得到增援后，再向埃及首都开罗发动进攻。但是，希特勒准备集中一切可供支配的兵力进犯苏联，不再向北非派兵。那里的战线便在利埃边界附近稳定下来。

4月30日，固守图卜鲁克据点的英军粉碎了德意联军新的进攻。在利埃边界，英军于5月15日发起反攻，推进到塞卢姆和卡普措堡。后因德意联军加强抵抗，英军于两天后撤回进攻出发阵地。

6月15日，英军经过周密准备再次发起反攻，企图夺回哈尔法亚隘口和边界工事，以便推进到图卜鲁克，解救被围据点。英军向哈尔法亚隘口东南实施迂回，经卡普措堡向北推进。不久，德军第十五装甲师在第五轻装甲师的支援下，阻止了英军的反攻。

1941年秋，德军主力陷入苏德战场，其非洲军又面临补给困难。

丘吉尔认为：

> 英军应抓住战机夺占整个利比亚，并促使北非法军转向英国方面；命令新任中东英军总司令奥金莱克将军大胆进攻，夺取北非的战略主动权。

11月18日凌晨，英军在空军和地中海舰队的支援下，发起"十字军战士"战役，粉碎德意联军的10个师，解除其对图卜鲁克据点的包围，解放昔兰尼加。

20日，英军完成对德意联军的包围，双方在西迪雷泽格地域展开激烈的坦克战。21日，据守图卜鲁克的英军在坦克支援下出击，准备同西迪雷泽格的英军会合。25日，隆美尔以强大兵力袭击英军后方，未能取得重大战果。

12月4日，隆美尔下令放弃对图卜鲁克长达200多天的包围。德意联军撤

至加扎拉地域，企图在这里阻止英军西进。在英军继续打击下，德意联军被迫撤到的黎波里塔尼亚。英军推进到阿盖拉后，停止追击。

经过两个月作战，英军解除了图卜鲁克之围，收复了昔兰尼加，但未完成歼灭德意非洲装甲集群的主要任务。

隆美尔在德意联军西撤的同时，就酝酿着反攻。由于他采取了大量欺骗措施，反攻准备进行得相当隐蔽。

1942年1月21日，德意联军实施反攻，英军一时措手不及，仓促后撤。

1月28日，德意联军重占班加西。

5月26日，隆美尔以10个师约13万人、610辆坦克、600架飞机发起"泰西"战役，企图夺取埃及并突向近东。

6月1日，德意联军攻占比尔哈凯姆，14日，将英军第八集团军所属部队逐出加扎拉阿。6月19日，德意联军集中兵力围攻图卜鲁克，两天后攻克该市。德意联军继续挥师东进，对溃退的英军穷追不舍。6月26日，德意联军包围埃及马特鲁港，28日英军献城投降。6月30日，德意联军逼近阿拉曼附近英军阵地。

7月1日至3日，德意实施第一次阿拉曼战役，对英军防御阵地屡攻不克。此后，德意联军因后勤补给困难，油料缺乏，兵力有限，隆美尔被迫停止进攻，战线相对稳定下来。

巴尔干地区的
生死大较量

　　巴尔干半岛位于欧洲东南部，西濒亚得里亚海和伊奥尼亚海，东临爱琴海、马尔马拉海和黑海，南达地中海，北以多瑙河及其支流萨瓦河与欧洲大陆其他部分相接。

　　联系欧亚两洲的铁路干线从西北方向穿过半岛，其东部的博斯普鲁斯海峡和达达尼尔海峡是苏联及其他黑海沿岸国家出海的必由之路。因此，它是欧亚非三大洲的交通要塞，具有重要的战略地位，素为列强必争之地，并有"欧洲火药库"之称。

　　1939年4月7日，意大利悍然出兵侵占阿尔巴尼亚，此后，便利用阿尔巴尼亚为跳板，积极策划对巴尔干的进一步侵略扩张。

　　4月13日，墨索里尼公开宣称：

　　　谁掌握了波希米亚，谁就掌握了多瑙河盆地。谁掌握阿尔巴尼亚，谁就掌握了巴尔干各国。

　　1940年，墨索里尼眼见希特勒在欧洲频频得手，而意大利在非洲与英国几经较量却屡遭败迹，为提高自己的"威望"，摆脱在与德交往中所处的屈从地位，他一边在非洲继续与英军交战，一边悄悄在阿尔巴尼亚集结军队，准备一举侵吞实力弱于英国的南斯拉夫或希腊，用"辉煌的胜利"扩大版图。

　　7月，墨索里尼命令意大利陆军总司令部制订对南斯拉夫作战的计划，并

令陆军主力在意南边界实施战略部署。到9月下旬，已有37个师完成部署。

然而，希特勒1940年正全力进行西欧的战争和秘密进行大举入侵苏联的准备，不希望在巴尔干地区爆发冲突。希特勒建议墨索里尼不要轻举妄动。墨索里尼迫于意大利对德国的依赖，只好暂时服从。

10月，德军事先没有通报墨索里尼就开进了罗马尼亚，而且在庆祝兵不血刃地占领罗马尼亚时未邀请墨索里尼。这使墨索里尼大为恼火，他决定如法炮制，不预先通知希特勒即出兵占领希腊。

意军计划从3个方向入侵希腊：左翼由阿尔巴尼亚的科尔察向希腊的弗洛里纳和塞萨洛尼基方向实施佯攻，以钳制希腊兵力；中路经维约萨河河谷对艾奥尼亚等地实施向心突击；右翼沿希腊比较平坦的海岸线实施进攻。主攻方向在中路。计划规定，首先攻占希腊西北省份埃皮鲁斯，尔后占领希腊全境。

1940年10月28日凌晨，意军由阿尔巴尼亚越过边界，侵入希腊领土。进攻的头两三

墨索里尼像

天，意军突击集团只遇到希腊力量薄弱的掩护部队的抵抗。

尽管如此，意军推进速度缓慢。在右翼沿海地区，头两天仅推进约10000米；在左翼，意军两个师向弗洛里纳方向实施的进攻几乎未取得进展。在中路，希军最多仅有一个多师的兵力，但巧妙地利用地形进行顽强抵抗，并于11月2日遏制了意军主力师的进攻。

希军总司令帕帕戈斯在得到加强后，遂于11月1日下令向意军左翼发起

防御战以来的首次反突击，迅速将意军赶回阿尔巴尼亚境内的科尔察地区，三四天后又切断了意军由科尔察通往西北方向的主要道路。11月14日，希军集结了步兵师、骑兵师、步兵旅开始反击，不久全线部队投入反击。在中路，希军在得到加强后于11月5日放弃了便于意军发挥技术兵器优势的谷地，通过意军阵地间隙向意军背后渗透，重创意军山地师。

在沿海地区，意军右翼进展较快，后因希军在中路的胜利而担心孤军冒进被歼，很快后撤。11月7日，意军被迫转入防御。

11月21日，希军夺取莫罗瓦山和重要交通枢纽科尔察，意军处境危急，意军司令索杜下令实施总撤退。直至12月底，希军的进攻才在阿尔巴尼亚境内停止，转为阵地战。

意大利侵略希腊的失败，危及了希特勒征服巴尔干的总计划，希特勒遂于12月制订了1941年春法西斯德军入侵希腊的"马里塔"行动。墨索里尼为挽回面子，决定抢在德国之前再次入侵希腊，命令"阿尔巴尼亚"集团军群实施反攻，但1月和3月的两次攻势均以失败告终。

在意希战争中，英国根据1939年4月向希腊所作保证中规定的义务和自身对轴心国作战的战略需要，由雅典附近机场和山区翼侧的机场出动少量空军支援希军作战，并在塔兰托和马塔潘角给意大利海军以重创，配合了希军陆上作战。1940年11月1日，应希腊政府的要求，英军在克里特岛登陆，占领该岛改善了英国在地中海的态势。

1940年11月，在德国的威胁利诱下，匈牙利、罗马尼亚加入三国轴心。

1941年3月1日，保加利亚加入三国轴心。3月2日，德军以"反对英国扩大巴尔干战争的企图和保护保加利亚利益"为借口，由罗马尼亚渡过多瑙河，占领了保加利亚这一有利阵地，大大增强了德国在巴尔干的势力。

但是，南斯拉夫、土耳其等巴尔干大国立场尚不确定，希腊在意大利入侵其领土后进一步倒向英国，巴尔干的局势更加复杂了。

希特勒侵略
南斯拉夫

　　南斯拉夫位于欧洲东南部的巴尔干半岛西北部，西临亚得里亚海，沿海为曲折狭长的达尔马提亚海岸。北、东、西三面分别与意大利、奥地利、匈牙利、罗马尼亚、保加利亚、希腊及阿尔巴尼亚接壤。

　　从20世纪30年代末起，德国即开始采取以经济政治手段为主、军事威胁为辅的策略，对巴尔干进行全面渗透，以期达到全面控制巴尔干各国的目的。由于西方国家的绥靖政策和德国的军事威胁，加上一些巴尔干国家上层集团的反苏反共政策，不少巴尔干国家在政治上逐步倒向法西斯，在经济上则通过条约、协定满足法西斯德国对战略原料的要求，以取悦德国。

　　1940年秋，巴尔干地区对交战双方都变得重要起来。英国的政策变得更加活跃。希特勒由于德苏之间的谈判在一系列问题、包括巴尔干半岛问题上的破裂，入侵英国无望，已无限期推迟在英国登陆的"海狮"计划。

　　因此，他一面加紧准备于翌年春季实施的"东方战局"，一面计划向南，在西班牙和意大利支持下夺取由直布罗陀海峡至苏伊士运河的整个地中海区域以及中东，通过所谓外围来解决与英国的冲突。这样，希特勒加快了全面征服巴尔干的步伐。

　　希特勒认为，整个巴尔干局势将取决于南斯拉夫的态度。他担心当德军通过保加利亚进军希腊时，南斯拉夫将采取不利于德国的行动。而且，土耳其的态度在相当程度上取决于南斯拉夫的态度。因此，希特勒千方百计想通过"和平手段"把南斯拉夫拉到轴心国一边。

　　1941年3月初，德军已沿南、保边境占领阵地。南斯拉夫的战略态势已

世界联盟

变得十分不利。北面和东面已被德国和加入轴心国阵营的国家所包围，南面同其接壤的希腊正在同意大利作战，所以南斯拉夫的南部边界也不可靠。

希特勒许诺，如果南斯拉夫签订条约，德国将对南斯拉夫的边界作出保证，并把希腊的萨洛尼卡割让给南斯拉夫。在德国的威逼利诱下，南政府于1941年3月加入三国轴心。

消息传到贝尔格莱德，引起南斯拉夫人民的强烈反对，全国各地纷纷举行集会和游行，提出"宁要战争，不要协定！""宁死不做奴隶"等口号。共产党人在组织群众斗争中发挥了积极作用。南斯拉夫资产阶级中的亲英派，利用军队和群众的支持，于3月27日凌晨发动政变，推翻了茨韦特科维奇

◆ 希特勒（蜡像）

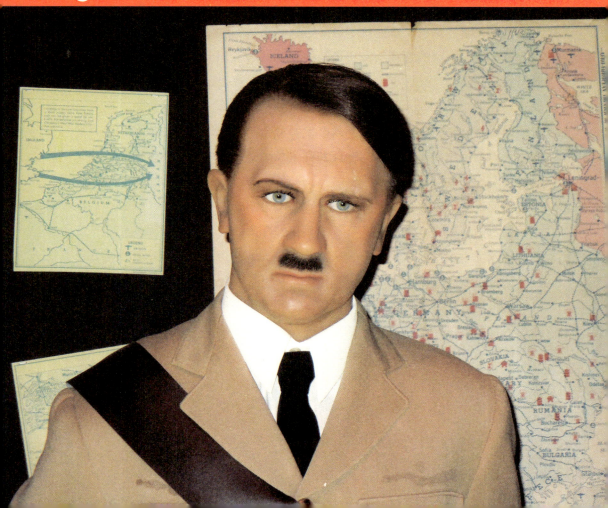

政府，成立了以空军总司令西莫维奇将军为首的新政府。然而，新政府由于惧怕德国入侵，否认改变政策，并不断向德国表示忠诚。

尽管如此，希特勒仍旧担心，南斯拉夫政府的更迭导致南斯拉夫退出轴心国势力范围，从而破坏德国整个战略企图，危及即将开始的入侵希腊的"马里塔"行动，尤其是定于5月15日开始的进攻苏联的"巴巴罗萨"行动。3月27日，希特勒签署武力消灭南斯拉夫的《第二十五号指令》。指令指出：

<blockquote style="color:red">
南斯拉夫的军事政变已改变了巴尔干的政局。即使南斯拉夫目前表示效忠，也应将其视为敌人并尽快予以粉碎。
</blockquote>

希特勒指出，一举摧毁南斯拉夫，还可以起到震慑土耳其人的作用。德军统帅部决定，进攻南斯拉夫和希腊的行动同时进行。同日夜，希特勒函告墨索里尼，要求对方在阿尔巴尼亚战线稳住阵脚并准备与德军协同动作，得到墨索里尼的积极响应。

为实施这次战役，德国纠集了意大利、匈牙利等国的大量军队。在意南边境集中了意军第二集团军，在阿尔巴尼亚边界则集中有意军第九、第十集团军。应德国要求，保加利亚把本国陆军主力集结在土耳其当面，以便向侵略南斯拉夫和希腊的德军提供后方掩护。为了更好地协调参与巴尔干作战的德国盟国和仆从国的军事行动，希特勒1941年4月3日专门签署了"在巴尔干半岛与盟国的合作"的《第二十六号指令》。

与法西斯德国周密的作战计划形成鲜明对照的是，南斯拉夫和希腊在防御准备上的优柔寡断，缺乏组织与协调。当德国开始积极准备侵略南斯拉夫时，南斯拉夫政府迟迟不组织抵抗。

西莫维奇新政府上台后，德国入侵南斯拉夫的危险显著增加，但新政府迟迟不进行战前动员，指望与德国达成妥协，避免战争。

直至1941年3月30日，南斯拉夫政府才宣布4月3日为"秘密动员"的开始日，结果白白失去了进行动员和完成武装力量战略展开的宝贵时间。新政

府甚至决定派第二副首相斯洛博丹·约万诺维奇4月6日去罗马，商请意大利居间调停南斯拉夫与德国的关系。由于南斯拉夫在战争中的立场对希腊至关重要，英国、希腊、南斯拉夫的军事代表于4月3日在希腊边境举行谈判，商讨军队间的协同问题。参加谈判的有希腊武装力量总司令帕帕戈斯将军、英国远征军司令威尔逊将军和南斯拉夫副总参谋长扬科维奇将军。

因为英国提供的军援相当有限，再加上害怕同德国关系进一步恶化，南斯拉夫未能就协同作战问题与英希达成正式协议。

但扬科维奇表示，虽然南斯拉夫无法保证参加盟军一边，但是如果德军进攻南斯拉夫，南将据守所有边界，并与希腊军队协同动作，进攻在阿尔巴尼亚的意大利军队。

4月6日凌晨，德军对南斯拉夫和希腊同时发起突然进攻。为阻止南斯拉夫武装力量的展开，德意空军对南斯拉夫重要机场、交通线尤其是贝尔格莱德等重要城市实施了猛烈轰炸。与此同时，德军首先以第十二集团军的装甲师和步兵师在3个地段同时越过保南边界，入侵南斯拉夫南部的马其顿。

面对德军的入侵，南斯拉夫政府没有采取相应军事措施，还以为在德国发出最后通牒后，自己可以像以往的战争那样，从容不迫地进行动员。战争爆发当天，西莫维奇正忙于在贝尔格莱德郊区出席女儿的婚礼。战争爆发12小时后，南政府才匆忙宣布进入紧急状态和进行全国动员。

为迅速分割南斯拉夫马其顿的第三集团军，并保障与希腊作战的德军有机动自由，德第十二集团军第四十军分别向两个方向进攻：以一部兵力进攻重要交通枢纽斯科普里；以另一部兵力向什蒂普和佛累斯进攻。另外，第十八山地军第二装甲师沿斯特鲁米察河谷推进，从多伊兰湖西北地域南下希腊重镇塞萨洛尼基，以迂回希军筑垒防线，在两个山地师和一个步兵师协调下，对希腊东马其顿集团军实施突击；以第三十军向邻近土耳其的西色雷斯地区实施辅助突击。两天内，驻马其顿的南军第三集团军即被击溃。

4月7日，德军占领斯科普里和什蒂普，切断了南斯拉夫与希腊的联系，南军被迫撤往南方，同希、英军共同作战的战略计划化为泡影。4月10日，德

军先遣支队在奥赫里德湖附近与意军建立了联系。这一切为发展进攻创造了条件。

4月8日，德军第一装甲集群从索非亚西北对南斯拉夫第五集团军南翼发起进攻，遭南军抵抗。德装甲部队在炮兵和空军强大火力支援下，沿索非亚－尼什铁路两侧实施进攻，发展迅速，第一天即达成突破，并在占领尼什等城后分割了南斯拉夫第五集团军，进至南军第六集团军后方。

4月10日拂晓，德第二集团军利用当时南斯拉夫国内对德有利的政治形势发起了主要突击，目的是全面占领南斯拉夫，并与意军会师。德第二集团军以一部兵力沿德拉瓦河向贝尔格莱德推进，其余兵力向斯洛文尼亚首府卢布尔雅那推进。10日晚，德军占领萨格勒。经数日战斗，南军停止了在克罗地亚和斯洛文尼亚的抵抗。

4月11日，德军装甲部队穿越密集的南军部队，由东南进抵距贝尔格莱德80千米处，并在此与退却之南军第六集团军南翼部队遭遇，次日将其击溃。由东南和西北对进的德军两个集团在贝尔格莱德会师后，德国军事当局于13日正式接管该城。4月14日，南斯拉夫国王仓皇从科托尔乘飞机飞往英国。翌日，南斯拉夫军队经过12天的战斗停止抵抗。

4月17日，南斯拉夫正式签署无条件投降书。

与此同时，德意的联合攻击，也使希腊的防御土崩瓦解，希腊首相科里齐斯自杀，参战部队陆续投降。4月14日，英远征军指挥部在英军被切断同希军主力的联系后，认为抵抗德军进攻已无希望，便陆续将英军主力由海路撤退。

希、英军队防御作战的失败，除交战双方军事实力相差悬殊这一原因外，希、英在防御战役的部署上未取得协调、各防御集团之间缺乏联系以及希军统帅部不愿及时收缩兵力也是失败的重要原因。

在夺取巴尔干的作战中，德军以较小的代价达成了战役目的。德军伤亡约8500人，失踪约3000人。南斯拉夫、希腊和英国远征军遭到很大损失。南军约37万余人被俘，希军22万被浮，英军12000人伤亡和被俘。

德军空降伞兵
攻克克里特岛

克里特岛位于地中海北部，是希腊的第一大岛。

岛上有山地和深谷，风景优美，还有断崖、石质岬角及沙滩构成的海岸。这里风和日丽，树林葱茏，岛上种有橄榄、葡萄、柑橘等，鲜花遍地，因而有"海上花园"之称。

1941年4月，德军的魔爪伸向了这里。夺取克里特岛，是德军入侵巴尔干的最后一役。此役是希特勒在希腊战事的后期根据德国空军4月21日的建议临时决定的。

克里特岛在军事上具有重要的战略价值。德军占领该岛，便可控制地中海，威胁英国在地中海区域和中东的阵地，保障罗马尼亚油田不受克里特岛英国空军袭击，并可将该岛作为入侵中东各国的前进基地。

对于英国来说，克里特岛是防守英国在埃及的战略基地和苏伊士运河的前哨阵地。英国首相丘吉尔为确保英国在地中海、北非和中东的利益，决定坚守克里特岛。

克里特岛初夏天气晴朗，对德空军作战非常有利。机场和港口集中在岛的北部，马利姆、雷西姆农和伊腊克林各有一个机场。

希特勒于4月25日下达了代号为"水星"的作战计划。德军计划规定，以空降部队为主占领克里特岛。

这是因为，克里特岛与建在欧陆和附近岛屿上的德空军基地相距很近，在德空军活动半径以内，德国空军又占有压倒优势，而英军在埃及、马耳他和马特鲁的空军基地距岛甚远，在克里特岛一时又无法调拨和部署大量空军

兵力。

德军决定对克里特岛实施大规模空降作战的另一个原因，是想尽快结束在巴尔干的战事，以便腾出手来实施迫在眉睫的"巴巴罗萨"计划。

起初，受领此次任务的德军第四航空队司令亚历山大·勒尔，同其部属第十一航空军军长库特·施图登特在作战计划上发生分歧。勒尔坚持首先全力以赴，以绝对优势兵力夺取克里特岛西部，尔后以此为基地夺占整个岛屿。施图登特则主张在岛上约7个地点同时空降，以期在对方猝不及防的情况下占领岛上所有重要地点，进而夺取整个岛屿。

最后，基于兵力不足、空军能力有限等因素的考虑，德国空军总司令戈林下达的进攻命令是这两种意见的折中方案。入侵部队应首先夺占4个最关键的地点，以保证占领全岛。

德军的克里特岛空降战役大致分为4个阶段，即夺取制空权、占领登陆场、集结兵力、歼灭岛上防守部队。

为保证得到空军的全面支援，最初的空降突击又分两个波次实施。首先以第一波突击西部的马利姆和苏达港地域；待运载第一波部队的飞机折返后，再以第二波突击雷西姆农和伊腊克林地域。这两个波次将得到伞兵部队的加强和机降部队的支援，随后还将得到海上登陆部队的支援，直至占领全岛。

按计划，德军的行动将得到由克里特岛东南岸登陆的意军支援。

4月下旬，中东英军总司令韦维尔获得德军即将对克里特岛实施突击的情报，遂任命新西兰人弗赖伯格少将为守岛部队总指挥，令其尽快在克里特岛组织防御。

英军在克里特岛的守军约30000人，基本上是从希腊本土撤至该岛的英国远征军。此外，还有希腊军队约14000人。守岛部队士气低落，装备低劣，火炮不足，没有飞机，坦克不足10辆，缺少通信工具。

弗赖伯格少将判断，德军主力将从海上登陆，同时会用空降兵夺取机场、港口，因此决定以苏达港和岛上3个机场为中心构成支撑点式防御。从5

月17日起，守岛部队进入高度戒备状态。

5月20日7时许，德军西部集群以及中部集群伞兵一部，作为第一攻击波分别在马利姆和苏达港地区揭开空降战幕，中部集群其余部队和东部集群作为第二攻击波也于当日下午分别在雷西姆农和伊腊克林地区空降。

呈两个梯队伞降的德空降部队遇到英希军队的顽强抵抗，行动十分困难，损失惨重。由于兵力分散，协调失当等原因，到日落时，3个预定要占领的机场一个也未占领，局势十分危急。

5月20日深夜，德空降独立团在付出重大伤亡后取得决定性战果，攻占了马利姆机场附近的107高地。

弗赖伯格优柔寡断，未能及时组织力量实施有力的反击，结果被迫将部队撤出马利姆防区，使德军站稳了脚跟。

德军空降部队（油画）

21日下午，德军以马利姆机场为基地，开始源源不断地机降第五山地步兵师。此后两天，该师全部运达克里特岛。

24日黄昏前，德军占领克里特岛西部地区，尔后向东、南推进。29日，德军西方集群与东方集群会合，雷西姆农、伊腊克林均被占领。

除对克里特岛实施空中突击外，德军曾组织海军行动，企图从海路输送援军，但均被英海军舰队挫败。然而，5月23日，在德空军袭击下，缺乏空中掩护的英国舰队被迫撤回亚历山大港，使德军尔后得以从海上向岛上输送装备物资。从此，岛上形势急转直下。

在德军地面、空中人力猛烈攻击下，英军节节败退，最终于5月28日深夜开始由南岸撤离克里特岛。

5月28日至6月1日，英军撤出约16000人，约6000人未及撤退，不久即向德军投降。整个克里特岛战役，英军死、伤、被俘约15000余人。英军3艘巡洋舰、6艘驱逐舰和1艘航空母舰被击沉，多艘舰艇遭重创，这使英海军在地中海的实力大大削弱。但德军也付出惨重代价：死、伤、失踪约65000余人，多架运输机被击伤击毁，1个精锐空降师几乎全军覆没。

德军在此次战役中基本达成了战役目的，控制了爱琴海和东地中海的航线，攻克了英国一个重要据点，从而解除了英军以此为基地对罗马尼亚油田的威胁。德意在巴尔干的暂时成功，使得东南欧和东地中海地区的战略形势有利于法西斯集团。德国在南翼为尔后对苏作战建立了前进基地，并取得在东地中海对英作战的有利态势。

世界联盟

德国入侵苏联

在西线取得了一系列的胜利之后，希特勒把目光又转向了东方的苏联。1941年6月22日凌晨3时30分，希特勒撕毁《苏德互不侵犯条约》，下达了向苏联进攻的命令。面对德国突如其来的猛烈轰炸和炮击，苏军一时陷入极端被动的局面。但是，苏联很快就清醒过来，全体军民在最高统帅斯大林的领导下，对入侵者进行了顽强的抵抗。

德军实施
"巴巴罗萨"计划

至1940年6月，德国通过一系列不流血的和流血的征服，极大地改变了欧洲的政治格局。北起北极圈以北，南至比利牛斯山脉，东自维斯瓦河一线，西临大西洋之滨的欧洲半壁河山，极其丰富的资源落入德国之手。

此时，保持独立而与德国对抗的欧洲强国仅剩英、苏两国。究竟是先取英国还是先攻苏联，更有利于实现梦寐以求和奋斗多年的欧洲霸业，成为自1939年作出开战决策以来，希特勒所面临的又一重大战略抉择。

1940年5月初，希特勒认为德军在西线胜利在握，从而将视线重新转向东方。然而，同他的期望相反，英国并未步法国的后尘向德国屈服。

为消除入侵苏联的后顾之忧，自6月中旬，德国开始对英国进行"和平试探"。然而，英国断然拒绝德国自以为"宽宏大度"的和解建议，粉碎了它试图不战而胜的痴心妄想。

为了尽快从西线脱身，以便挥师东进入侵苏联，希特勒便考虑诉诸武力，于7月16日签发指令，命令德军准备对英国实施代号为"海狮"的渡海登陆作战。

尽管如此，希特勒仍举棋不定，不久又重提侵苏问题。

他认为，鉴于德国不是海上大国，德军即使侥幸登陆成功，并将英国击败，结果是"遍布世界的英帝国土崩瓦解，而德国却从中得不到好处。我们以德国人的鲜血所换取的，只是对日、美等国有利的东西"。

其次，国际局势的最新动向促使其急于发动侵苏战争。在德军横扫西欧无暇东顾之示，苏联加速在其边界以西建立缓冲地带，以改善其西部边境的

070

防御态势。

1940年6月中下旬，苏联派兵进驻波罗的海沿岸三国、罗马尼亚的比萨拉比亚与北布科维纳地区，逼近罗马尼亚境内的普洛耶什蒂和巴克乌等油田。

希特勒认为：

> 苏联的行动是对德国在波罗的海地区的霸权地位提出挑战，特别是对德军装甲摩托化部队赖以生存的石油来源构成严重威胁，在此形势下，德国不能同英国决战。

不仅如此，他还将苏联的上述做法渲染为进攻中欧的前奏，并同德国陆军领导人多次磋商对策。此外，法国败降前后，英美苏三国开始出现联合抗德的趋势，这对德国无疑是不祥之兆。

德军入侵苏联（模拟场景）

来自莫斯科的情报表明，如果战争持续下去，一年之内苏联就要加入英国一边。

希特勒认为：

走投无路的英国之所以继续坚持战斗，是因为它希望美国改变其中立立场，俄国在巴尔干制造动乱，以剥夺我们的油料，瘫痪我们的空军。

于是，希特勒一面指示德军尽快做好对英决战的准备，以免丧失军事主动权；一面命令陆军着手研究苏联问题，做好对苏作战的思想准备，并同陆军总司令布劳希奇第一次讨论这次作战的目标和所需兵力。

关于入侵苏联的时机，希特勒力求赶在苏联完成反侵略战争准备和美国

德军入侵苏联（模拟场景）

可能参战之前发动侵苏战争。

12月18日，希特勒正式签发关于"巴巴罗萨"方案的《第二十一号指令》，最终作出欧战爆发以来使其最感棘手的侵苏决策。与此相应，针对英国的"海狮"计划和不列颠之战，则转为掩护德国侵苏战争准备的佯攻措施和心理战手段。

根据希特勒的指示，德国国防军统帅部和三军总司令部陆续下达了有关作战任务、物质技术保障、战区准备、伪装与欺骗措施等方面的一系列指令和指示。

其中最重要的是1941年1月31日陆军总司令布劳希奇下达的《"巴巴罗萨"作战指令》，它对德国陆军在侵苏战争中的企图、任务、同空海军的协同等做出了具体规定。

该指令指出：

为预防俄国改变目前对德国的立场，作为预防措施，应做好一切准备，以便在对英国的战争结束前，也能以一次速决战将苏俄击败。

苏军遭受攻击
全线失利

　　德军经过精心策划和长期准备后，于1941年6月22日3时许，出动约2000架飞机，突然袭击苏联西部66个机场，以及其他军事基地、交通枢纽和重要城市，并以数千门火炮猛烈轰击苏联西部边境地区，揭开了"巴巴罗萨"行动的序幕。

　　4时30分，德军北方、中央和南方3个集团军群共152个师和3个旅，以装甲摩托化部队为先导，在空降部队配合下，从波罗的海—喀尔巴阡山一线约1500千米宽的正面上，分北、中、南三路向苏联发动全线进攻。

　　当德军发动进攻时，苏军各边防师远离防御阵地，尚在执行和平时期的日常任务，部队没有按兵力展开计划占领防御地区。因而，德军的进攻达成了突然性。

　　德军利用空袭和空降部队破坏了苏军的通信系统，苏军最高统帅机构无法得到有关前线准确、及时的情报，接连发出的第二和第三号命令不仅未能缓解局势，相反加剧了前线的混乱。

　　苏军在德军优势兵力的突击下被迫退却，损失惨重。战争第一天，苏军就损失飞机1200架，其中800余架被击毁在机场上，德国空军成功地夺得了制空权。德军装甲部队和摩托化步兵也迅速突破苏军防线，向前推进了五六十千米，边境地区的军用仓库、储备的武器装备和军需物资几乎全部落入德军之手。

　　德军分三路进攻，北翼由北方集团军群自东普鲁士的哥尼斯堡以东地域向陶格夫匹尔斯、普斯科夫、列宁格勒总方向实施进攻，企图消灭波罗的海

沿岸地区的苏军集团，占领那里的港口和海军基地，攻取列宁格勒，与芬军会师。

在波罗的海沿岸组织防御的是苏军波罗的海沿岸特别军区。德军顺利突破苏军防御，至6月22日黄昏，第四装甲集群的先遣部队前出到杜比萨河一线。

截至7月10日，苏军丧失了立陶宛、拉脱维亚和俄罗斯联邦的部分领土。德军向前推进400千米至450千米，进逼苏联的西北重镇列宁格勒。

德军在中路的进攻由德军中央集团军群负责，其任务是由东普鲁士的苏瓦乌基地域和波兰的华沙地域向比亚韦斯托克突出部、明斯克方向实施钳形突击，围歼苏军西方面军主力，尔后向斯摩棱斯克方向发动进攻。

苏军西方面军由巴甫洛夫大将指挥。第三、第十和第四集团军部署在边境地区的比亚韦斯托克突出部及其以南地域，缺乏足够的防御纵深，易受德军合围；第十三集团军为预备队，部署在明斯克地域。直接在国境线上的部队主要担负构筑工事的任务，其余部队尚在野营或驻地进行训练。

6月22日晨，德军中央集团军群以约40个师的兵力向苏军发起猛攻。北路德军第三装甲集群同北方集团军群的第四装甲集群从东普鲁士攻入立陶宛，渡过涅曼河，对苏军西方面军右翼第三集团军构成包围之势。

根据总军事委员会的《第三号命令》，该方面军于次日以第十集团军的机械化第六军、骑兵第六军和第三集团军的机械化第十一军，对德军苏瓦乌基集团进行反突击。

由于所调兵团散处各地，准备时间仓促，又缺乏必要的通信器材，未能对德军形成集中突击。苏军反突击部队损失严重，燃料、弹药消耗殆尽，被迫放弃格罗德诺，撤往新格鲁多克，从而在西北方面军和西方面军之间出现一个大缺口。

在此后的战斗中，德军有组织地步步紧逼，苏军虽投入了多个战略预备队，但未完成战略预备队的集中、展开和建立稳固的防线。

至7月10日，德军几乎占领了白俄罗斯的全部领土，斯摩棱斯克面临被德

军突入的危险。

再说德军在南翼的进攻，这路进攻由龙德施泰特指挥，其任务是：

左路第一装甲集群和第六、第十七集团军，从波兰的卢布林地域向基辅方向和第聂伯河下游实施突击，通过迂回包围阻止苏军退过第聂伯河；右路第十一集团军在罗马尼亚第三和第四集团军协同下，稍后从罗马尼亚向第聂伯河下游发起进攻。

飞机轰炸

斯大林认为德军的主攻方向将是乌克兰，以夺取乌克兰的粮食、顿涅茨的煤和高加索的石油。因此，苏军在南部部署了西南方面军以及南方面军两个方面军。

西南方面军由基尔波诺斯上将指挥，依次由北向南配置，在普里皮亚季沼泽地至苏罗边界北缘一线组织防御。在罗马尼亚方面是秋列涅夫大将指挥的南方面军，两个方面军共约86.5万人。

6月22日，德军第二装甲集群首先对苏军第五、第六集团军的接合部实施突击，打开了宽达50千米的缺口，西南方面军中路和左翼各集团军面临被德军深远包围的危险。为肃清突入之德军，基尔波诺斯指派6个机械化军和3个步兵军实施反突击。

从6月23日至29日苏德两军在杜布诺、卢茨克、罗夫诺地域展开了一场战争初期规模最大的坦克遭遇战。

苏军的反突击粉碎了德军在利沃夫突出部合围西南方面军主力及迅速突入基辅的计划，但因缺乏统一指挥，诸军兵种未能组织好协同动作，终于失败。随后，德军变更部署，投入精锐兵团，打破了苏军在接合部的抵抗。

30日，攻占利沃夫和罗夫诺，开始向日托米尔方向实施强大突击。

苏军统帅部考虑到形势的严重性，于6月30日发布命令：

<blockquote>第六、第二十六、第十二集团军7月9日前撤至科罗斯坚、沃伦斯基新城、舍佩托夫卡和普罗斯库罗夫旧边界筑垒地域一线，在那里组织坚固防御。</blockquote>

7月1日，右路德军第十一集团军和罗马尼亚部队开始强渡普鲁特河，向德涅斯特河推进。

德军虽遭到苏军有准备的抵抗，于7月3日突至莫吉廖夫—波多利斯基。德军左路于7月4日占领奥斯特罗格，逼近苏军旧边界筑垒地域防线。至此，德军在南翼推进了350千米。

　　苏德战争爆发后的最初几天，从巴伦支海到芬兰湾没有发生激烈战斗。

　　自6月底，德军挪威集团军和芬兰卡累利阿、东南集团军共21个师和3个旅，对苏军第十四集团军和第七集团军右翼发起攻击。由于苏军预先有准备，最终挡住了德、芬军的进攻，打破了德军统帅部迅速占领摩尔曼斯克和破坏摩尔曼斯克铁路的计划。

　　至7月中旬，德、芬军在向前推进30千米后被迫停止进攻。

　　从6月22日至7月9日，苏军在战争初期严重失利，损失巨大，近30个师不复存在，约70个师的人员、装备损失50％以上，3500架飞机，一半以上的燃料、弹药仓库被毁。苏军从西部边境向东和东北方向退却300千米至600千米。

　　德军占领了拉脱维亚、立陶宛全境、白俄罗斯大部、乌克兰和摩尔达维亚的部分领土，并进入俄罗斯联邦西部，进抵列宁格勒，威胁到斯摩棱斯克和基辅。

　　德军也遭到自开战以来的最大打击，其进攻力量受到削弱，没有达到希特勒提出的消灭苏军主力的目标。

苏联实施
积极防御战略

苏德战争爆发后，德军的入侵时间、作战方式和初战结果都出乎苏军的意料。因此，苏军不得不重新审查其战争初期御敌于国门之外的战略方针。

一方面，损兵失地的严酷教训充分表明，这一主观主义的战略方针不适用于苏德战争，必须迅速改弦更张；另一方面，短短几周的防御作战，即使缺乏现代化战争经验的苏军体验到德军"闪击战"的主要特点及其弱点，又使战前准备不足的苏军各级指战员经受了艰苦卓绝的战火考验，增长了对付强敌进攻的本领与才干，从而为制订符合当时战争实际的战略方针创造了条件。

为迅速扭转不利局面和稳定防御，斯大林要求苏军指挥员坚决抛弃一切陈腐的作战原则，努力掌握现代化的战争经验。在此情况下，苏军于1941年7月中旬转入战略防御。

在此期间，苏联采取了一系列体现积极防御战略方针的重大措施，主要有：

第一，进一步完善领导体制，加强对部队的统一指挥。

1941年7月10日，苏联国防委员会决定将苏联武装力量统帅部大本营改组为总统帅部大本营，并由斯大林本人担任主席，以加强这一机构的权威性。

与此同时，为协调各战略方向的作战行动，组建了西北、西和西南3个方向总指挥部，分别由苏联元帅伏罗希洛夫、铁木辛哥和布琼尼任总司令。

这些中层战略指挥机构的任务是：

对在本方向遂行作战任务的各方面军和海军舰队实施战略指导，检查其对大本营训令的执行情况和领导该方向的后勤工作。

8月8日，总统帅部大本营改称最高统帅部大本营，斯大林被任命为苏联武装力量最高统帅。于是，苏联在政治、军事和经济等重要领域形成了高度集中的领导体制，克服了战争初期由于党政军最高领导人在作战指挥方面职责不明造成的延误与混乱。

与此相应，苏联国防人民委员部也进行了改组。该部所属苏联武装力量总参谋部，被改组为最高统帅部大本营制订战略计划和领导前线武装力量的主要业务机关，并得以摆脱动员补充和军事训练等繁杂的日常工作。

同时，新建或恢复空降兵、火箭炮兵、工程兵、国土防空军和炮兵等司令部，加强对军兵种的战略指导。通信人民委员兼任副国防人民委员和总通信部长，以集中领导军、地所有通信部门。

此外，根据1941年7月16日联共(布)中央政治局和苏联最高苏维埃主席团《改组政治宣传机构和在工农红军中实行军事委员制度的决议》，苏联红军总政治宣传部和海军总政治宣传部均改组为总政治部，陆海军机关、部队和军事院校都实行军事委员制，以加强党对武装力量的领导和战时思想政治工作。

根据1941年8月国防人民委员会的决定，苏军还组建了总后勤部和各级后勤部，加强对后勤工作的统一指挥。

第二，改革部队的编制体制，以适应形势变化。

为适应作战部队大量减员、武器装备严重短缺的实际情况，提高部队的指挥效能和在困难条件下机动作战的能力，作为应急措施，苏军总统帅部大本营于7月15日作出集团军小型化的决定，即暂时撤销军一级建制，集团军直辖五六个师。

同时，对陆、空军部队实施缩编。根据7月29日确定的编制，各步兵师的名额压缩30％，配备的火炮减少52％，汽车减少64％；骑兵师人数减至约

3000人；坦克师缩编为坦克旅；反坦克炮兵撤旅改团；空军师改3团制为2团制，各团的飞机数量也从60架减至30架。尔后，随着兵力、兵器的增加和战场形势的变化，苏军对部队的编制体制进行过多次调整。

第三，大力组建和有效运用战略预备队，作为扭转战局的"杀手锏"。

根据苏联国防委员会7月16日《关于国防人民委员部和海军编练预备队的决定》，8月成立了红军编练总部。

在其统一组织和检查督促下，苏军隐蔽编练了大量预备队，源源不断地开赴前线。"最高统帅部预备队始终是出敌不意地从根本上改变战役战略形势的主要手段"，他们在主要方向上集中地投入交战，取得显著战果。

此外，苏军从8月开始组建最高统帅部预备队航空兵，以集中有限的空军兵力应付急需。

第四，根据战场实际，及时调整主要防御方向。

苏军发现对德军的主突方向判断有误后，迅速将其主要防御方向从原来

奋起反击的苏联士兵（雕塑）

的基辅方向调整到斯摩棱斯克、莫斯科方向，并将近80％从内地调来的部队输送到那里。首先到达的部队早在7月中旬就加入了斯摩棱斯克战役。

第五，摈弃消极保守的一线式防御，代之以纵深梯次配置的防御体系，以增强防御的稳固性。

在西战略方向，西德维纳河、第聂伯河防线的主要防御地带刚被德军突破，苏军总统帅部大本营即着手新建纵深梯次配置的防御体系。

7月14日和18日，它接连下令在西方面军后方分别组建后备方面军和莫扎伊斯克防线方面军，以便在西德维纳河、第聂伯河防线以东至莫斯科前方建立两道新的防线。

命令要求这两个方面军，分别占领旧鲁萨、奥斯塔什科夫、叶利尼亚、布良斯克一线和沃洛科拉姆斯克以西、莫扎伊斯克、卡卢加一线，迅速构筑梯次配置的筑垒工事。

其中，莫扎伊斯克防线由3道防御地带组成，每道防御地带的间距为30千米至60千米，其间还设有多道中间防御阵地和斜切防御阵地，防线的全纵深达120千米至130千米。在西北和西南战略方向，苏军也采取了类似措施，但规模较小。

第六，在以坚守防御为主的前提下，辅之以可能的机动防御。

在防御作战中，注意"以我之机动对付敌人之机动"，适时集中兵力，向德军发起反突击，争取变被动为主动。

第七，在加强地面防御的同时，大力提高对空防御的能力。

在短时间内，苏军的防空兵力和兵器得到明显加强，防空体系的编成不断有所改进，莫斯科和列宁格勒等政治、经济中心，军工、能源基地和通信、交通枢纽受到有效掩护。

第八，加强敌后斗争，陷敌于两线作战。

为有效配合苏军的正面防御，联共(布)中央于1941年7月18日作出《关于在德军后方组织斗争的决定》。

1941年下半年，"18个地下州委、260多个地委、市委、区委和其他党

的机构"，在德军占领区陆续组建游击队，并发动广大群众积极开展包括武装斗争在内的各种抗德活动，陷德军于腹背受敌和两线作战的困难境地。

第九，着眼战争全局，精心组织防御。

在各战略方向，分别实施基辅、斯摩棱斯克和列宁格勒等大规模战斗和战役，以顽强的抗击和有效的反突击迟滞和消耗进攻之德军，为尔后粉碎德军的战略进攻创造必要条件。

第十，积极展开外交活动，以共同对敌。

在作好国内工作的同时，力争英美等国支援，促进国际反法西斯联盟的形成，以最大限度地孤立敌人和增强对德作战的能力。

另外，在此期间，苏联在改善战略指导、加速战斗动员、加强政治思想和搞好物质保障等方面而采取了各项措施，这些措施在与德交战的过程中，逐渐取得明显成效，为苏军战略防御方针的贯彻实施创造了有利条件。

腥风血雨的
苏德正面战场

基辅战役

基辅是苏联的第三大城市，战略地位十分重要，它位于第聂伯河与杰斯纳河交汇处，陆路、水路和航空四通八达，既是苏联西南地区的交通要塞，也是德军夺取顿涅茨工业区和高加索油田的必经之路。

1941年7月7日，德军南方集团军群在第四航空队支援下，从行进间突入苏联旧国界筑垒地域，揭开了为期两个半月的基辅战役的序幕。

根据该集团军群总司令龙德施泰特6月30日的《第二号指令》，其所属部队应乘苏军立足未稳，从行进间突破苏军从沃伦斯基新城至德涅斯特河一线的筑垒地域，继而将苏军西南方面军左翼围歼于文尼察周围。

为此，该集团军群以第一装甲集群和第六集团军为主要突击集团，从斯卢奇河中游以西地区向日托米尔、别尔季切夫一线国界筑垒地域实施突破，尔后视苏军西南方面军是否撤过第聂伯河，第一装甲集群主力或继续东进，或挥师南下。

第十七集团军配属斯洛伐克派遣军，担任辅助突击，从兹布鲁奇河一线向普罗斯库罗夫、文尼察方向推进，以不间断的进攻钳制当面苏军的重兵集团。

第十一集团军配属罗马尼亚派遣军，担任侧后突击，从普鲁特河附近向东北方向莫吉廖夫—波多利斯基地域攻击前进，继而强渡德涅斯特河，前出文尼察地域，同第十七集团军会合。

德军的当面之敌是苏西南方面军，由基尔波诺斯上将统率。

战役从1941年7月7日开始，至9月26日结束。根据双方的主要作战行动，此役分为旧国界筑垒地域之战、乌曼战役与基辅外围作战和基辅地域合围战3个阶段。

从战役一开始，德军就利用优势兵力猛打猛冲，苏军虽居劣势，却异常勇猛，顽强阻击。最后德军南方集团军群根据希特勒的指令，于9月12日以第一装甲集群主力和第十七集团军一部在第四航空队支援下，从第聂伯河左岸克列缅丘格附近登陆场，经卢布内向西北方向推进，以便同第二装甲集群南下部队尽快会合。

15日，南北对进的德军第一和第二装甲集群在洛赫维察地域会合，完成了对苏军西南方面军的合围。被分割成零星小股的苏军官兵继续英勇奋战。

19日，苏军第三十七集团军奉命放弃基辅，德军第六集团军占领了乌克兰首都基辅。

20日，苏军西南方面军司令基尔波诺斯上将、军事委员会委员和参谋长等高级将领在突围中阵亡。26日，历时两个半月以上的基辅战役结束。

基辅战役是苏德战场的三大战役之一。

苏军西南方面军及其友邻部队在正面300千米、纵深约600千米的广大地区英勇奋战，以翼侧突击和正面防御相配合，迟滞德军进攻达两个半月之久，吸引德军中央集团军群南翼的突击力量南下，为苏军加强莫斯科方向的防御赢得了时间。

但是，由于苏军兵力相对薄弱，缺少抗击德军装甲摩托化部队的经验与手段，采取消极守城的作战方针，最终遭到损兵失地的重大失利。

德军在进攻初期兵力分散，未能将苏军重兵集团歼灭在第聂伯河以西，此后利用三面包围苏军西南方面军的有利态势，集中两个集团军群的内翼兵力协同作战，迅速围歼该方面军主力，减少了中央集团军群的南翼威胁，为南方集团军群夺取哈尔科夫与顿涅茨经济区，前出克里木和高加索创造了条件，但却因此失去了进攻莫斯科的有利时机。

斯摩棱斯克战役

1941年7月3日，比亚韦斯托克—明斯克战役尚未结束，德军中央集团军群根据既定方针，即以第四装甲集团军率先向斯摩棱斯克方向实施追击。

至7月9日，比亚韦斯托克—明斯克战役结束，该集团军进至第聂伯河中游至西德维纳河一线，随后跟进的第二和第九集团军也以先头部队分别抵达别列津纳河与西德维纳河一线。

德军企图一举歼灭避开比亚韦斯托克—明斯克合围的苏军西方面军余部，从行进间夺取斯摩棱斯克及其附近第聂伯河与西德维纳河之间通往莫斯科的大陆桥，为长驱直入莫斯科创造条件。

鉴于边境交战失利，苏军从6月底开始沿西德维纳河、第聂伯河中游部署

⟳ 战场上的德军

战略第二梯队，以固守斯摩棱斯克地域，阻止德军突击首都莫斯科。

苏军西方向总司令兼西方面军司令铁木辛哥将来自大本营预备队并编入西方面军，沿两河一线由北向南依次展开，而将边境交战中被德军击溃或削弱的西方面军的一些兵团调往后方休整补充。

为加大这一方向的防御纵深，苏军在西方面军主要防御地区以东210千米至240千米处的涅利多沃、布良斯克一线展开第二十四和第二十八预备队集团军，并在西方面军侧后陆续组建后备方面军、中央方面军和预备队方面军。

但在斯摩棱斯克战役开始前，从大后方调入西方面军的48个师中，只有37个师到达伊德里察至日洛宾以南地域一线并占领阵地，未及建立稳定的纵深防御。

1941年7月6日，德军中央集团军群所属第四装甲集团军在第二航空队支援下，强渡第聂伯河，发起斯摩棱斯克战役。此役历时约一个月，苏德双方在"这个曾经成为拿破仑军队通往莫斯科道路上的可怕障碍的俄罗斯古城"及其附近，正面500余千米、纵深200余千米的广阔地域内，进行了一系列激战和反复争夺。

在斯摩棱斯克战役中，德军利用苏军立足未稳，防御体系尚不完备，依靠强大的装甲兵力与密切的步、坦协同，连续实施深远的钳形突击、分割包围和各个击破，歼灭了苏军大量兵力。占领了斯摩棱斯克等战略要地，向第聂伯河以东推进200余千米，从而打开了通往莫斯科的门户，率先达到事先确定的第一阶段作战目标。

与此同时，苏军不断投入新锐兵力，以顽强的防御和接连不断的反突击毙伤德军25万人，迟滞德军进攻达一月之久，为加强莫斯科的防御赢得了宝贵时间。

在苏军有力打击下，德军的作战能力，特别是装甲军突击力明显下降，对其尔后作战造成严重影响。因而，希特勒在8月4日视察中央集团军群时承认，如果在发动侵苏战争前就知道苏军的坦克和飞机有那么多，他很难定下侵苏决心。

斯摩棱斯克战役结束后，德军将进攻重点转向南北两翼，但在中部叶利尼亚等地仍有激战。为清除德军突向莫斯科的前进基地叶利尼亚突出部，苏军预备队方面军所属第二十四集团军及其加强兵力共10个师，8月30日向突出部的根部实施相向突击，尔后又击退德军多次反击。

至9月4日，苏军给德军叶利尼亚集团以重大打击，并对其形成深远包围，迫使其开始退却。

两天后，苏军收复该市，并向西追击。

9月8日，苏军进至乌斯特罗姆河、斯特里亚纳河一线，胜利结束叶利尼亚战役。此外，苏军西方面军以4个集团军的兵力于9月1日至9日在斯摩棱斯克附近再次转入进攻，但未奏效。尔后，苏军也在莫斯科方向转入防御。

列宁格勒战役

根据德国陆军总司令部1941年7月8日的指令，德军北方集团军群于7月9日突破拉脱维亚—俄罗斯边界的苏军防线后，占领了列宁格勒的西南门户普斯科夫。与位于拉多加湖西北的芬军主力遥相呼应，对苏联第二大城市列宁格勒及其附近地域形成南北夹击之势。

为迅速扭转列宁格勒地区的危急局面，苏军最高统帅部大本营于9月10日将朱可夫大将派往那里，接替苏联元帅伏罗希洛夫任列宁格勒方面军司令。

在朱可夫大将参与下，该方面军军事委员会于当夜开会讨论列宁格勒局势，决心保卫列宁格勒，直至流尽最后一滴血。会议决定：

从卡累利阿地峡的第二十三集团军抽调部分兵力加强最受威胁的普尔科沃高地—乌里茨克地段，并以方面军的部分火力和波罗的海舰队的所有舰炮火力支援那里的第四十二集团军作战。

在6天至8天内，以波罗的海舰队水兵、列宁格勒各军事院校的人员组建五六个独立步兵旅。

立即从防空部队抽调部分高炮加强最危险地段的对坦克防御。

在易受攻击的方向组织纵深梯次配置的防御，在通向城市的要道敷设地雷等障碍物。

　　不久，苏军列宁格勒方面军又制订了加强城市防御的补充措施，主要措施是：加强党的政治思想工作，以坚定军民的必胜信念。

　　9月18日前再组建两个师又5个旅的方面军预备队，增大防御纵深，进一步加强在主要防御方向上作战的第四十二集团军，粉碎德军以正面突击夺取列宁格勒的企图。东西两翼部队和城南游击队以积极行动钳制德军兵力，配合城市保卫战。

　　随着上述措施的迅速落实和列宁格勒军民的誓死抵抗，德军的凌厉攻势开始受到遏制。

　　在列宁格勒西南，苏军一面将新建的两个师和两个旅加强给第四十二集团军，以建立强大的第二梯队，占领列宁格勒外围从芬兰湾东南岸至涅瓦河一线的筑垒地域，增强主要防御方向的稳定性。

　　一面利用德军第十八集团军东部集群左翼战线过长、易受攻击的弱点，以第八集团军的4个步兵师组成突击集群，于9月19日从奥拉宁包姆登陆场东部向红村方向德军侧后实施反突击，迫使德军将乌里茨克、列宁格勒方向的部分兵力调往彼得戈夫方向，有力地配合了第四十二集团军粉碎德军从西南突入列宁格勒的企图。

　　在列宁格勒南面，德军第十八集团军东部集群右翼于9月18日通过苏军第四十二和第五十五集团军的接合部向普希金城发起进攻，企图由此向左迂回普尔科沃高地，向右迂回科尔皮诺筑垒地域，进而从南面突入列宁格勒。

　　与此同时，德军于9月19日连续炮击列宁格勒达18小时之久，并出动轰炸机，对该市进行猛烈轰炸，企图以此摧毁列宁格勒军民的抗战决心。

　　然而，奋战在列宁格勒以南的苏军部队不畏强敌，终于将进攻之德军阻止在列宁格勒城下，挫败了德军紧缩包围圈的种种努力。

　　在此期间，苏军驻蒙海峡群岛、汉科半岛和喀琅施塔得的守备部队与波

罗的海舰队部分兵力，在远离己方主力的情况下孤军奋战，钳制了德军的有生力量，并以炮火支援列宁格勒地区的苏军粉碎德军进攻。

苏军防空部队共击毁袭击列宁格勒的德军飞机300余架。从苏德战争爆发至9月底，在列宁格勒地区及其附近海域上空，苏军航空兵出动作战飞机，同德芬两国飞机进行空中格斗，袭击德军机场和战役纵深，有力地支援了地面部队、海军舰艇的作战。

由于遭到苏军日益顽强的抵抗，德军北方集团军群每前进一步都要付出沉重的代价，每昼夜的平均推进速度从7月的5千米降至9月的一两千米。

除第三十九装甲军外，德军第四装甲集群和原第三装甲集群第五十七装甲军被陆续调离，其辖区分别由第十八集团军和第十六集团军第二军接管。

稍后，德军第八航空军也转隶莫斯科方向的第二航空队。德军北方集团军群的突击力明显减弱，攻克列宁格勒的希望更加渺茫。

正在战斗的士兵

鉴于对列宁格勒的多次强攻均未得手，德军不得不转而采取以长期封锁为主、军事进攻为辅的方针。

在这种极端恶化的条件下，列宁格勒军民同仇敌忾，宁死不屈，在政府的统一领导下，他们一面加强对空防御和反炮击斗争，一面展开反围困斗争。

莫斯科战役

1941年9月30日和10月2日，德军中央集团军群先后发起布良斯克和维亚济马战役，莫斯科战役从此开始。

这次战役按苏军的行动性质分为防御、反攻和总攻3个阶段。1941年9月30日至12月5日为苏军防御阶段，12月5日至1942年1月7日为苏军反攻阶段，1942年1月8日至4月20日为苏军总攻阶段。

战斗一开始就异常激烈和残酷。

德军的进攻多次使莫斯科处于危急状态。但位于一线作战的德军指挥官们意识到，德军的进攻能力很快就要耗尽，因此，请求"撤退至一条较短的容易防守的战线，预先为驻扎、补给、防御做好充分准备，以便时机一到，就能在很短的时间里将其占领"。

然而，德国陆军总司令部和希特勒都不同意博克等人的意见。希特勒对撤退不予考虑，只是在博克再三请求下，同意当代价高昂的攻势无望取胜时中止进攻。

为了缓解莫斯科西北的紧张局势，苏军最高统帅部大本营将突击第一集团军和第二十集团军调归西方面军右翼，第十六、第三十集团军也得到加强，在红波利亚纳、克留科沃地域实施了反突击。

至12月初，阻住了德军的进攻。在纳罗福明斯克方向，12月3日，德第四集团军遭到苏第五、第三十三集团军的反突击，被迫退至库宾卡以北、戈利齐诺和纳罗福明斯克以南阵地。

12月5日，博克命令第三、第四装甲集团军群与苏军脱离接触，并于随后几天撤到伊斯特拉至克林以东的防线，德军从西北和北面突入莫斯科的企图

被粉碎。

在图拉方向，12月5日，苏军第五十集团军协同第四十九集团军左翼各兵团在科斯特罗沃、列维亚基诺地域实施反突击，恢复了图拉与莫斯科的联系。

德军第二装甲集团军被迫向南退却，撤到顿河上游、夏特河、乌巴一线。德军对莫斯科的最后一次进攻彻底失败。至此，莫斯科战役苏军防御阶段结束。

1941年12月5日至6日，苏军在加里宁、图拉和叶列茨等方向发动了具有历史意义的大反攻。

至1942年1月初，苏军在西部战略方向的反攻全部结束。苏军解放的地区，消除了图拉被合围的危险。进攻的苏军前出到勒热夫、拉马河、鲁扎河、博罗夫斯克、莫萨利斯克、别廖夫、韦尔霍维耶一线。

德军38个师遭重创，进攻莫斯科的突击集团被击溃。德军后退54千米至250千米，从南北两面突击莫斯科的企图被彻底粉碎了。

苏军的冬季
全面大反攻

苏军在莫斯科的反攻，粉碎了德军夺取莫斯科的企图。与此同时，苏军在季赫温和罗斯托夫的反攻也取得一定战果，德军季赫温集团被赶过沃尔霍夫河，列宁格勒同内地铁路交通以及拉多加湖的联系都得以恢复，其防御能力大大提高。

南方面军诸部解放罗斯托夫，粉碎了德军向高加索突破的计划。在克里木，苏军发起了刻赤—费奥多西亚登陆战役，解放了刻赤半岛和费奥多西亚，迫使德军暂时中止对塞瓦斯托波尔的进攻。

从总的态势看，德军中央集团军群处于比较孤立的状态，易于苏军发展进攻，扩大战果。德军统帅部意识到了这种危险，1941年12月28日，发布《关于组织防御的命令》，要求各部队竭尽全力寸土必争。

在冬季的主要任务是守住已占领的地区，以争取时间纠集新的预备队，为1942年春天重新发动进攻创造条件。为此，北方集团军群必须在沃尔霍夫河一线和沃尔霍夫车站通往西北的铁路线上设防固守，继续对列宁格勒实行围困。

中央集团军群的任务是守住勒热夫、布良斯克、斯摩棱斯克构成的三角地带和勒热夫—维亚济马—布良斯克、斯摩棱斯克—格扎茨克两条十字形铁路交通线。南方集团军群的任务是坚守占领地区，攻下塞瓦斯托波尔。

斯大林深受苏军在莫斯科反攻中胜利的影响，他认为，德军在莫斯科失败后，正处于慌乱状态，未作为冬季作战准备的德军将无法抵挡苏军的连续突击。只要突破德军防线，不给德军以喘息之机，就可以打破德军来年的春

季进攻，并在列宁格勒、莫斯科以西地区、乌克兰和克里木击溃德军。

因此，苏最高统帅部大本营确定的总攻计划是：在西方向实施主要突击，围歼德军中央集团军群的基本兵力；在西北方向粉碎德军北方集团军群；在西南方向击溃德军南方集团军群，解放顿巴斯和克里木。总攻时间预定在反攻之后不作间歇立即展开。

1942年1月7日，西方向各方面军司令部接到进攻训令，各方面军根据最高统帅部的训令拟定了具体计划：西方面军右翼的第一突击集团军、第二十、第十六集团军继续向瑟乔夫卡总方向进攻，并在加里宁方面军协同下，消灭德军瑟乔夫卡—勒热夫集团。

中央的第五、第三十三集团军向莫扎伊斯克、格扎茨克总方向进攻；第四十三、第四十九和第五十集团军向尤赫诺夫实施突击，粉碎德军尤赫诺夫—孔德罗沃集团，随后向维亚济马发展进攻。

别洛夫的加强骑兵军向维亚济马地区挺进，同加里宁方面军的骑兵第十一军会合，以便共同对德军维亚济马集团实施突击；第十集团军向基洛夫进攻，并掩护西方面军左翼。

加里宁方面军向瑟乔夫卡、维亚济马总方向进攻，并以部分兵力迂回勒热夫，其第二十二集团军应向别雷发展进攻。

◉ 苏军大反攻（雕塑）

西北方面军向两个不同的方向实施进攻，第三突击集团军向大卢基总方向进攻；第四突击集团军向托罗佩茨—韦利日进攻。

西南方面军右翼集团军和布良斯克方面军的任务是钳制正面之德军，不让其把部队调往中线和顿巴斯。

总攻以加里宁方面军于1月8日实施瑟乔夫卡—维亚济马进攻战役开始。1月8日，加里宁方面军第三十九集团军突破德军在勒热夫以西的防御，继续向南部的瑟乔夫卡推进。

第二天，西北方面军的左翼部队第三、第四突击集团军从奥斯塔什科夫发动进攻，遭到德军的顽强抵抗，在初期战斗中，没有多大进展。

至1月12日前，苏军突破德军防御战术地幅。1月16日，夺取安德烈亚波尔市。

1月21日，攻占托罗佩茨市，其先遣支队切断了大卢基—勒热夫铁路。第三突击集团军至1月22日前合围霍尔姆市德军，从南面迂回德军第十六集团军杰米扬斯克集团。

　　至1月底，突击集团军已迫近大卢基、维捷布斯克和杰米多夫，德军中央集团军群面临被深远包围的危险。为便于指挥，斯大林将突击集团军转给加里宁方面军。

　　加里宁方面军的第三十九集团军在勒热夫西北突破，占领通向维亚济马的大片地域，严重威胁德军在瑟乔夫卡的交通线。德军迅速空运来两个师的兵力，组成一道新的防线。

　　苏军不断向德军施加压力，1月12日，第二十九集团军和骑兵第十一军先后投入战斗，第二十二集团军由谢利扎罗沃地域转入进攻。

　　德军誓死抵抗，至1月22日，苏军第三十九集团军前进80千米至90千米，进至德军勒热夫集团后方；第二十二集团军从西北深远包围了奥列尼诺集团。

　　至1月26日前，第二十二、第二十九集团军完成对奥列尼诺地域德军约7个师的合围。骑兵第十一军从北面突至维亚济马，切断了维亚济马—斯摩棱斯克公路。加里宁方面军右翼突至维捷布斯克、斯摩棱斯克、亚尔采沃等市接近地，从西北深远包围了德军中央集团军群。

　　从东南面实施突击的西方面军左翼各集团军进展顺利。

　　1月10日前，第十集团军合围苏希尼奇的德军，解放莫萨利斯克，并进抵基洛夫、柳季诺沃、日兹德拉等市的接近地。

　　第五十集团军和近卫骑兵第一军突破德军在尤赫诺夫以南的防线，从南面和西南面向德军第四集团军约9个师组成的尤赫诺夫集团迂回。

　　第四十三、第四十九集团军则从北面和东北面迂回德军尤赫诺夫集团，于1月19日进抵谢洛基、达曼诺沃、普柳斯科沃一线。

　　第三十三集团军在第四十三、第四十九集团军以北向维亚济马进攻，在梅登地区的德军第四装甲集团军和第四集团军之间打入一个楔子，德军第四装甲集团军司令赫普纳为避免被围，下令撤退。

　　1月19日，第三十三集团军夺取韦列亚，并继续向西和西南方向推进。赫普纳因擅自撤退被撤职，他的职位由原第五军军长鲁奥夫接替。不过，鲁

奥夫也未能守住防线，继续后撤。

由于德军的抵抗很顽强，苏军第五十集团军未能突破德军在尤赫诺夫附近的防御，第十集团军也未能击退来自日兹德拉地域的德军反突击，只是至1月29日，在得到第十六集团军的加强后，才夺取苏希尼奇。

2月初，苏军在这里的进攻基本停止。不过，苏军的进攻牵制了德军尤赫诺夫集团，给尤赫诺夫以北的第三十三集团军和尤赫诺夫以南的近卫骑兵第一军突入德军后方，向维亚济马突击创造了条件。

战役的关键已经转到维亚济马地区，如果苏军突击成功，加里宁方面军与西方面军将在维亚济马完成对德军中央集团军群的包围，德军的处境将十分危险。德军意识到了这一危险，由于没有更多的预备队，从德国或西线调遣预备队又需较长时间，而且运输条件较差，预备队肯定很晚才会到达。到那时，防线恐怕已不复存在了。

现在唯一的办法就是缩短战线抽调一线部队充任预备队。

中央集团军群司令克卢格与希特勒多次交涉后，得到希特勒的首肯，同意将部队撤到事先准备好的冬季阵地，不过，撤退前必须封住缺口。

苏军统帅部为了扎紧口袋，命令苏军继续向维亚济马突击。

1月27日，西方面军近卫骑兵第一军在尤赫诺夫西南35千米处突过了华沙公路，经过3天激战，在维亚济马以南同用于截断德军后勤补给线的空降兵部队、游击队会合。

第三十三集团军在尤赫诺夫以北的突击也取得进展，在1月31日到达尚斯基扎沃德和托卡廖夫地区。

德军在这里没有建立防线，朱可夫决定趁德军未调来预备队之前攻占维亚济马。与此同时，苏军最高统帅部为了统一指挥该地区的作战，于2月1日重建西方向总指挥部，朱可夫担任总指挥，并指示莫斯科防区的空军部队全部投入战斗。

遵照最高统帅部的指示，远程轰炸航空兵对德军在维亚济马至奥尔沙，勒热夫经维亚济马至布良斯克，帕夫利诺沃至叶利尼亚等地段的德军交通

097

线，以及德军在维亚济马、斯摩棱斯克、维捷布斯克和奥尔沙等地域的德军机场实施了突击。

但是，在这关键时刻，苏军最高统帅部因过早地将第一突击集团军和第十六集团军从莫斯科以西撤走去增援南北两翼，致使正试图从东往西进攻的第二十集团军逐渐失去锐势，减轻了德军第三、第四装甲集团军和第九集团军正面的压力。

与此同时，德军从西欧调来的12个师和两个旅对苏军第三十三集团军和近卫骑兵第一军实施数次反突击。

2月3日，德军第四装甲集团军与第四集团军恢复联系，切断了苏军第三十三集团军一部、近卫骑兵第一军、空降兵第四军一部及一些游击队与后方的联系。

4月初，德军集结大量兵力，对被围苏军进行大规模扫荡。近卫骑兵第一军和第三十三集团军请求突围。朱可夫同意了他们的请求，并命令他们向基

🔻 苏军实施反攻（模拟场景）

洛夫总方向突围。

至1942年7月18日，近卫骑兵第一军和空降部队经过长途迂回与主力部队会合。第三十三集团军突围失败，部队被打散，第二十九集团军除5000人向南突围成功与第三十九集团军、近卫骑兵第十一军会合外，其余大部牺牲。

第三十九集团军和近卫骑兵第十一军的一部又被德军第九集团军切断，德军第九集团军和第三装甲集团军一部突出包围圈，苏军第四突击集团军因补给困难，而且缺乏预备队，对维捷布斯克和杰米多夫的进攻被迫停止。

德军兵力不断得到加强，苏军第二十二、第三十、第三十九、第四十三和第五十集团军对奥列尼诺、尤赫诺夫集团发起的攻击，均未取得重大战果。

4月20日，斯大林被迫下令停止进攻，命令加里宁方面军和西方面军就地转入防御。随着形势逐渐好转，斯大林认为解除德军对列宁格勒的围困十分必要。为此，他要求沃尔霍夫方面军击败在诺夫哥罗德以北防守沃尔霍夫河的德军，尔后向西北方向发展进攻，与列宁格勒方面军协同，围歼对列宁格勒实行围困的德军。

西北方面军右翼部队应向旧鲁萨、索利齐、德诺方向实施突击，切断德军诺夫哥罗德集团的交通线，并与沃尔霍夫方面军左翼集团军协同歼灭该集团，从而加速列宁格勒的解围。

1942年1月7日，西北方面军的第十一集团军由北向旧鲁萨南部推进；第三突击集团军在第一突击部军的增援下，由南向北发动向心突击；第三十四集团军向杰米扬斯克进攻，从正面牵制德军，目的是孤立位于伊尔门湖和奥斯塔什科夫之间的德军。

2月8日，由南北实施向心突击的苏军进展顺利。2月25日，近卫步兵第一军由北向拉穆舍沃进攻的部队，与由南部进攻的第三十四集团军的步兵第四十二旅会合，将德军第十六集团军6个师约90000人合围在杰米扬斯克附近长约60千米、宽约30千米的地域内。

近卫步兵第二军由旧鲁萨地域发起的进攻进展顺利，未遇德军激烈抵抗于2月底前进至霍尔姆市接近地，德军旧鲁萨集团和杰米扬斯克集团的联系被完全切断。在此情况下，希特勒一面命令德军杰米扬斯克集团固守待援，准备里应外合消灭苏军进攻部队，一面集中大量运输机实施空中补给。

3月19日，为了增援被围部队，德军统帅部又组织了一个由5个师编成的赛德利茨军级集群，从旧鲁萨向拉穆舍沃方向苏军第十一集团军和第一突击集团军的接合部实施突击，稍后，德军被围集团也在扎卢奇耶以北向拉穆舍沃方向实施向心突击。

至4月21日，德军在苏军的包围圈上打开了一个宽4000米的狭窄通道，并于4月23日会合。此后，德军不断加强杰米扬斯克的兵力，坚守整个夏季，并将其作为发动新的进攻的跳板。

沃尔霍夫方面军为了切断德军第十八集团军的补给地域，北上增援列宁格勒，于1942年1月7日向诺夫哥罗德的正北方发动进攻。

苏军第五十四集团军为了与第二突击集团军会合，于3月的第二周从基里希往南发动向心突击，德军第一军面临被切断危险。

为消除这一危险，德军第三十八军与第一军从南北向苏军突破口实施反突击，于3月19日会合，反将苏军第二突击集团军切断，沃尔霍夫方面军司令梅列茨科夫大将虽率部成功地打开了一条通道，但因通道太窄，并且很快被德军封闭，结果，包括方面军副司令费拉索夫中将在内的30000多苏军被俘。

西南方向的进攻由西南方面军、南方面军实施，主要目的是击溃德军南方集团军群，解放顿巴斯和克里木。

1月18日，西南方向的苏军发起进攻。突击集团在最初几天便突破德军从巴拉克列亚到斯拉维扬斯克的正面防御。

1月22日，第五十七集团军已推进25千米，骑兵第五军迅速投入突破口，并于1月23日攻占重要的交通枢纽巴尔文科沃。

战役开始后，德军急忙从哈尔科夫和顿巴斯等地调来预备队。德军顽强扼守巴拉克列亚和斯拉维扬斯克两地域，苏军未能向两翼扩大突破口。

苏军在丘古耶夫、克拉马托尔斯克两方向虽进入德军防线，但未能继续前进。向红军城方向进攻的第十二集团军也受阻。

鉴于形势复杂化，西南方向总司令铁木辛哥元帅决定将方面军预备队投入战斗，以加快进攻速度，得到苏军最高统帅部的批准。

最高统帅部同时要求：切断德军主要集团在斯拉维扬斯克地域的主要交通线，随后兵分两路，一路在第聂伯河西岸夺占登陆场，一路向南挺进，占领马里乌波尔以西或梅利托波尔以西地域。为此，最高统帅部将300余辆坦克、4个步兵旅、2个航空兵团调归铁木辛哥指挥。

1月26日，苏军第九集团军在第五十七、第三十七集团军的接合部进入交战。1月27日，第六集团军和骑兵第六军切断哈尔科夫—扎波罗热的铁路线，解放洛佐瓦亚。此后，苏军的进攻均未取得进展，苏军在许多地段转入防御。高加索方面军的情况也不顺利。德军在费奥多西亚附近转入反攻，再次攻陷该城。方面军诸部被迫后撤，退向阿克—莫纳伊斯克阵地。

总攻过程中，苏军在某些方向上曾迫使德军后退100千米至350千米，击溃德军近50个师，使德军损失40余万人，并迫使德军不得不由其他战区抽调39个师、6个旅和大量补充人员以增强苏德战场的兵力。

但是，苏军的总攻并未完成预期任务。西方向的主要突击未能围歼德军中央集团军群的基本兵力；西北方向的进攻虽然给德军的有生力量和技术装备造成颇大损失，但未能做到粉碎德军北方集团军群和解除德军对列宁格勒的围困；西南方向击溃德军南方集团军群，解放顿巴斯、克里木的企图也没有实现。

世界联盟

第 二 次 世 界 大 战 的 展 开

太平洋烽火骤起

　　当德意在欧洲挑起战火时，日本帝国主义为了争夺远东殖民地，独霸亚洲，于1941年12月7日，突然袭击珍珠港，使美国太平洋舰队遭受重大损失。8日，美、英对日本宣战，11日，德、意对美宣战，太平洋战争爆发。日本帝国主义在不到半年的时间内，就侵占了马来西亚、菲律宾、关岛、新加坡、缅甸、印度尼西亚等地区。

日本海军舰队
偷袭珍珠港

日本建立"大东亚新秩序"的狂妄计划，直接损害了美国的政治和经济利益，日美之间的矛盾日益加剧。

日美关系陷入僵局后，日本政府建议日美首脑会谈。

1941年8月8日，野村向赫尔提出在夏威夷举行两国首脑会谈的建议。赫尔表示对首脑会谈不感兴趣。

8月28日，近卫首相致函罗斯福，要求两国首脑在夏威夷直接会见。日方还向美国表示同意赫尔4项原则，认为这些原则"不仅应该运用于太平洋地区，而且也应该运用于全世界"。

罗斯福表示，他可以和近卫会谈，并对会谈前景表示乐观。

而赫尔认为，在首脑会谈前必须解决3个问题：

　　一是日本从中国撤军；二是日本与三国同盟的关系；三是太平洋地区贸易机会均等。

罗斯福同意赫尔的见解。

9月3日，野村与罗斯福、赫尔会谈。罗斯福正式答复表示同意美日首脑会谈，并提出美国政府的备忘录。备忘录重申了赫尔的原则，并希望就这些原则达成协议后再举行首脑会谈。

9月4日，日本政府也提出日美谈判新条件，其要点是：

一是日本虽以法属印度支那为基地，但不以武力进攻附近地区，对北方也决不无故发动武力进攻；

二是美国对欧洲战争的态度，应根据防卫观念行事，一旦美国参加欧战，日本将按照自己对《德意日三国同盟条约》的解释，采取行动；

三是日本努力恢复日中正常关系，并准备遵照日华协定尽快从中国撤兵；

四是美国应恢复与日本的通商关系，并撤销冻结日本资产的决定。

9月27日，近卫敦促美国尽快举行首脑会谈，认为10月10日至15日为宜。

但罗斯福认为，在没有得到事先保证前，决不举行首脑会谈。

10月2日，赫尔照会日本政府，若想日美首脑会谈举行，日本必须保证承诺以下4个条件：

一是确认作为国家间基本原则的前述四原则；二是从中国和法属印度支那全面撤军；三是放弃日华间的特殊密切关系；四是放弃三国条约的实质性部分。

美国总统罗斯福

10月12日，日本举行五相会议，近卫与陆相东条英机在如何扩张问题上发生分歧。东条陆相对驻兵问题寸步不让，主张停止谈判，近卫则希望通过谈判达到目的。

10月16日，近卫辞职，东条组阁。日美首脑会谈顿成泡影。

日美首脑会谈虽未实现，但野村与赫尔的会谈尚未最后停止。

10月18日，东条内阁成立，东乡茂德出任外相。东条内阁急于在谈判不成时采取战争行动，日美谈判完全成为掩护其战争意图的烟幕和争取时间的手段。谈判的破裂只是时间问题。

11月1日，日军大本营与政府联席会议决定，一面继续交涉，力求达成协议，一面下定开战决心，进行作战准备。

11月5日，御前会议作出决定，决心对美、英、荷开战，时间为12月初，对美谈判继续至12月1日。根据这一决定，东乡致电野村，要他首先提出日本的甲案，如美方难以接受，再提出作为最后方案的乙案。同时，还加派来栖三郎特使协助野村谈判。

11月7日，野村向赫尔递交了甲案。11月14日，赫尔正式拒绝甲案，主张日军全部撤出中国。

11月20日，野村、来栖向赫尔递交乙案，主要内容是：日美两国政府相互保证不在法属印支以外的南亚及南太平洋地区武力扩张，美国供应日本所需的石油，美国不对日华两国和平努力设置障碍。

11月26日，赫尔对野村和来栖表示，不能同意日方的"乙案"。在同一天，日本的机动部队隐蔽起航。

早在1941年9月6日，日本御前会议通过《帝国国策实施要领》，正式提出："帝国为确保自存自卫，在不惜对美一战的决心之下，大致以10月下旬为期，完成战争准备。如果至10月上旬外交谈判仍不能实现我方要求时，即决心对美开战。"

11月5日，御前会议批准《帝国国策实施要领》，将"发动战争的时机定为12月初"。

11月29日，日本天皇听取重臣的意见。在发言中，2／3的重臣主张"对美忍受，维持现状，以避免危险"，1／3的重臣则主张"对美开战"。

东条英机通知内阁和帝国统帅部，现在除了战争没有其他选择，否则，"我们将失去作战的机会"。

12月1日，日本御前会议作出最后决定——"对美谈判没有达成协议。帝国对美、英、荷开战"。

自1941年9月6日日本御前会议决定发动太平洋战争以后，日军大本营就集中精力制订对美、英、荷的战争指导计划。

至10月上旬，制订了《对美英荷战争指导纲要》，其内容包括：战争目的，战争指导方针，武力战指导要点，武力战攻占范围，占领地处理纲要，思想战指导要点，经济战指导要点，外交战指导纲要，结束战争方略。

之后，日军大本营又制订了《关于促进结束对美、英、荷、蒋战争的草案》。11月15日在大本营和政府联席会议上通过的这一方案规定，战争的要领是：

帝国应实行闪击战，摧毁美、英、荷在东亚及西南太平洋地区的根据地，确立战略上的优势，同时确保重要资源地区和主要交通线，造成长期自给自足的态势；设法用尽一切手段，引诱美国海军主力，适时加以歼灭。

毫无疑问，日本把攻占南方资源地区、夺取那里丰富的资源和确保交通线安全作为其战争的重要着眼点。但是，日本十分担心在进攻南方时，遭到来自夏威夷的美国太平洋舰队的攻击。为此，日本决定把美国太平洋舰队加以歼灭，至于采取什么手段，却莫衷一是。

1941年1月7日，日本联合舰队司令山本五十六在向海军大臣提出的《关于战备的意见书》中说道：

开战初期所应采取的作战方针与计划：用第一、第二航空舰队的全部航空兵力，趁月夜或黎明光亮，向美国太平洋舰队发起突然袭击，"力求全歼"停泊在珍珠港内的美国舰队。

日军大本营采纳了山本的意见，并根据他的设想制订了袭击珍珠港的计划，其代号为"Z"作战计划。

珍珠港位于夏威夷群岛的瓦胡岛南部，是美国海军在太平洋上的主要基地，也是美国和远东、西太平洋之间的海上交通要道，战略地位十分重要，素有"太平洋心脏"之称。

珍珠港内水区面积约32平方千米，水深平均12米至18米，可以同时停泊各种舰船约500艘。基地内设施配套，装备完善，有军港、机场、航空站、油库、弹药库和修船厂等多处军事设施。

1940年5月，美国为了遏制日本在太平洋地区的进一步扩张，将太平洋舰队从美国西海岸移至珍珠港。

袭击珍珠港是日本发动太平洋战争战略计划中的一个重要组成部分。战略企图是以突然袭击的方式发起攻击，使用舰载航空兵摧毁或瘫痪美国太平洋舰队的大型舰船和飞机，使其在一段时期内难以恢复和参战，夺取战争初期的制海权和制空权，保证日本南进战略的侧翼安全。

关于发动战争的时机，考虑到石油储量的减少和美、英、荷共同防御力量的迅速增强，日本觉得越早越好，根据气候情况和海上风浪状况，大本营最后把开战时机选在12月上旬。

根据日本战争指导计划，日军大本营陆海军部分别制订陆海军作战计划。陆军从1940年5月就着手制订对美、英、荷的作战计划。最初制订的是攻占马来西亚和菲律宾等区域性的作战计划，后改为综合作战计划。

1940年的陆军作战计划规定：动用9个师的兵力进攻香港、印度支那、婆罗洲、马来西亚和菲律宾。

1940年的海军作战计划规定这一阶段的作战方针是：

一是战争初期迅速歼灭东洋之敌，夺取制海权；协同陆军攻占香港和吕宋岛及其附近要地；进占法属印度支那北部，并尽可能夺取其南部要地。另外，战争一开始，要在陆军的协同下夺取关岛。然后，如情况许可，还要占领英属婆罗洲、马来西亚等要地，并夺取新加坡。

二是侦察敌舰队，特别是美国主力舰队的动向，尽力削弱敌海上力量，重点破坏印度洋上的敌海上交通线。

第二阶段的作战方针是，各部队除遂行既定作战任务外，还要配合联合舰队主力作战。联合舰队主力部队待敌舰队主力进入东洋海区后加以歼灭。这时，要尽可能将英美两国舰队各个歼灭。

很明显，这一计划将占领南方要地放在第一阶段，而将截击美国主力舰队的任务放在第二阶段，这种安排是极其不利的，因为在敌主力舰队存在的情况下，海上输送陆军部队是极其危险的。因此，日军大本营在1941年采纳了山本关于在开战之初动用主力航空母舰袭击珍珠港的计划。

由于主力航空母舰用于偷袭珍珠港，日军大本营决定在南方作战中使用陆海军基地航空部队主力实施空中攻击。到1941年8月，日本海军基本完成作战计划的制订。

之后，海军在9月进行有关作战计划的图上演习，经过研究，到10月末，大本营海军部批准上述作战计划。杉山参谋总长和永野军令部总长先后在11月3日和5日，将作战计划上奏天皇。

11月5日，天皇批准了海军作战计划。

海军作战计划规定，第一阶段的作战要领是：

一是作战初期，以第一航空舰队袭击停泊在珍珠港内的美主

力舰队；

　　二是同时以第十一航空舰队协同陆军，对菲律宾和马来半岛进行突然袭击，接着在该战区遂行空战任务；

　　三是第二舰队在菲律宾海域遂行作战任务，以夺取东亚海面的制海权，保障海上输送陆军的安全；

　　四是第三舰队为运输在菲律宾及南方要地登陆部队的船队护航，并掩护其登陆行动；南遣舰队协同在马来半岛登陆的部队作战；

　　五是第二舰队参加攻占香港的作战，第四舰队参加夺取关岛、威克里特岛和拉包尔的作战行动；

　　六是第六舰队参加袭击珍珠港的作战，尔后继续袭击敌舰，削弱敌海上兵力；

　　七是在第一阶段作战中，如美国主力舰队前来进攻，以除第三舰队和南遣舰队之外的联合舰队主力迎击并将其歼灭。

　　根据日本御前会议各个时期的决策，日军大本营加紧进行发动太平洋战争的各项准备工作，实施兵力的战略部署。

　　在1941年1月29日至3月27日，美英参谋部代表在华盛顿举行联合会议，通过新的战略计划。

　　该计划规定，根据双方确定的"先欧后亚"战略方针，如果日本发起进攻，美英在远东的军事战略是采取守势，"在德国被打败之前，对日本采取牵制性的消耗战"。

　　据此，美国规定，其太平洋舰队的主要任务是防御，确保夏威夷、菲律宾、关岛和威克里特岛等地不受侵犯。此外，为减轻马来西亚防线英军的压力，该舰队要用潜艇破坏日本的海上交通线，在马绍尔群岛、加罗林群岛采取钳制行动。

4月27日，英美荷三国军事代表在新加坡会晤，商讨日军进攻东南亚时的对策，酝酿共同防御计划。会上，英国和荷兰代表要求美国向新加坡派遣军舰以威慑日本。美国代表以"不符合美国总的战略"为由予以拒绝。

8月9日至12日，罗斯福和丘吉尔举行大西洋会议，修订美英两国作战计划和外交方针。会议讨论了欧洲和远东局势，通过了《大西洋宪章》，双方一致同意对日本发出严重警告。

11月2日，丘吉尔致电罗斯福："你们和我们的态度越坚决，他们发动战争的可能性就越小。"

为阻止日军南进，英国派海军上将菲利普斯率领航空母舰"无敌号"、战列舰"威尔士亲王号"、战列巡洋舰"反击号"，驱逐舰"伊莱特拉号""特快号""特内多斯号""吸血鬼号"组成的Z舰队，由英国驶往远东。

然而，航空母舰"无敌号"在百慕大触礁，不能为编队担任空中掩护。战列舰"威尔士亲王号"和战列巡洋舰"反击号"于12月7日前先后抵达新加坡。在实行联盟战略的情况下，美英在太平洋地区的战备工作有所加强。

在此期间，美国采取了一些实际步骤改善其在太平洋地区的态势。1940年4月，美国海军舰队由美国西海岸到夏威夷群岛进行年度演习。

5月7日，美国海军作战部长斯塔克通知美舰队司令理查森，演习后长期进驻珍珠港，不返回西海岸，目的是迫使日本放弃乘荷兰失败及英法处于困境而南进的打算，遏制日本的行动，但当时珍珠港基地建设尚未完工。

10月18日，驻夏威夷的舰队司令理查森向罗斯福报告，由于没有做好战斗准备，在紧张的国际形势下，舰队在夏威夷水域训练，从保密角度来看是危险的，建议舰队返回美国西海岸。

此外，海军一些人士也反对舰队常驻夏威夷，他们认为这不但不能有效地钳制日本，反而会给日本一个发动战争的借口。罗斯福没有理睬理查森及海军其他人员的意见，后来甚至还免除了理查森的舰队司令之职。

1941年1月27日，美国驻日本大使格鲁向美国国务卿赫尔报告，日本武

装力量企图动用全部军事手段大规模地偷袭珍珠港。美国国务院将格鲁大使发回的重要情报抄送给陆军部和海军部，但这份情报没有引起足够的重视。

5月27日，罗斯福发表广播讲话，宣布美国进入"无限期全国紧急状态"。

11月25日，罗斯福在白宫召开最高军事会议，参加会议的有赫尔、史汀生、诺克斯、马歇尔、斯塔克。

根据迎战日本的决策，美国采取了各种措施，在军事上做了必要的准备。1940年6月14日，罗斯福签署增加海军舰只11％的法案。

6月30日，美国决定要拥有100万陆军的武器装备，并储备200万军队的装备，具备生产400万军队的武器的能力，每年为部队提供18000架飞机。

7月19日，罗斯福签署《两洋海军扩充法案》，规定在1940年至1945年期间，拨款40亿美元，增建各种舰船257艘，总排水量132.5万吨，使海军实力增强70％，包括建造9艘战列舰、11艘航空母舰、44艘巡洋舰、100多艘驱逐舰，飞机达到10万架。

9月16日，美国颁布征兵法，规定21岁至35岁男子一律登记，准备入伍。当时美国军队规模较小，1940年仅有陆军27万人，海军19万人，总数不足50万人，还有国民警卫队23万人。

1941年1月24日，美国海军部长诺克斯致函陆军部长史汀生，提出《夏威夷防御问题》。他向史汀生建议：

　　陆军部要最先考虑增加夏威夷的战斗机、高射炮及建立防空警报网；

　　为改善珍珠港的防卫，陆军部要考虑使用阻塞气球、烟幕及其他特殊装置等问题；

　　要制订有关当地海军和陆军对敌机发动突然袭击进行空战、舰艇和陆地防空火力有效配合的统一作战计划；

　　同意瓦胡岛的陆、海军部队为防御敌机对珍珠港发动突然空

袭而进行适当的联防准备；

为了防御突然空袭，只要目前的动荡形势仍旧发展，瓦胡岛陆、海军部队每周至少要举行一次战备联合演习。

2月7日，史汀生复函诺克斯："完全同意立即进行最大限度的准备。我们要特别优先考虑做好珍珠港的防御工作。"

尽管陆军部长和海军部长都考虑优先加强珍珠港的防御，但实际上珍珠港的防御十分薄弱：原定陆军配备180架B—17飞机，实际上只有12架；当地指挥官要求配备300架飞艇，实际上只有50架；有6部移动雷达，但工作时间很短，3部固定雷达尚在安装中。

1941年2月，美国海军正式成立两洋舰队。海军大西洋分遣队改编为大西洋舰队，欧内斯特·金海军上将任司令；驻珍珠港舰队改编为太平洋舰队，赫斯本德·金梅尔海军上将任司令，驻菲律宾的原远东海军部队改称为亚洲舰队，托马斯·哈特海军上将任司令。

2月15日，金梅尔上任不久，向舰队发出警告：日本"在宣战之前，也许会偷袭珍珠港的军舰，潜艇偷袭航行在海上的舰只"。

2月18日，金梅尔又致函海军作战部长斯塔克："我感到，对珍珠港的突然袭击是可能的，我们正在采取立即可行的步骤，以使这样的袭击引起的损害降至最低程度，并保证使进攻的敌人付出代价。"

2月27日，金梅尔再次致函斯塔克，希望优先考虑供给担任珍珠港防御任务的陆军以飞机和高射炮。

根据"先欧后亚"的战略方针，四五月间，美国太平洋舰队有3艘战列舰、1艘航空母舰、5艘驱逐舰和3艘油船、3艘运输舰奉命调往大西洋舰队，以应付英国的危急形势，太平洋舰队受到一定削弱。

7月26日，为了阻止日军南进和加强菲律宾的防御力量，已退役在菲律宾担任军事顾问的道格拉斯·麦克阿瑟被重新召回，并被任命为新组建的远东美军总司令。

第二次世界大战的展开

113

至12月间，远东美军共有地面部队13万余人，飞机140余架，驻菲律宾的美国海军亚洲舰队共有巡洋舰3艘、驱逐舰13艘、潜艇18艘、鱼雷快艇6艘。在日本侵占印度支那北部及南部之后，形势急剧恶化，战争迫在眉睫，美国加紧战备工作。

11月14日，美国太平洋舰队司令金梅尔向部队发出命令，判断日军在宣战之前会实施下列攻击：

一是对停泊在珍珠港的舰船实施突然袭击；二是用潜艇突然袭击在海上的舰船；三是同时实施上述两项攻击。

此时，美国太平洋舰队的3艘航空母舰都在珍珠港外执行任务。

11月28日，美国海军第八特遣队由珍珠港驶往威克里特岛。12月4日，驶至威克里特岛东200海里处，12架美军战斗机由航空母舰飞往威克里特岛，尔后，"企业号"返航，预定12月7日7时30分进入珍珠港航道。

由于气象原因，12月7日，"企业号"距珍珠港还有200海里。12月5日，航空母舰"莱克星顿号"载运海军陆战队飞机去中途岛。"萨拉托加号"航空母舰在本土休整。

日军袭击作战的主要兵力是南云忠一指挥的舰艇突击编队。日军为了一方面避免因突击编队编成过大而暴露，另一方面具备强大的突击力，决定以航空母舰6艘、战列舰2艘、重巡洋舰2艘、轻巡洋舰1艘、驱逐舰9艘、潜艇3艘和油船8艘编成突击编队。6艘航空母舰用于突击的舰载机有104架水平轰炸机、135架俯冲轰炸机、40架鱼雷机和81架战斗机。

突击飞机编成两个攻击波，首先是攻击美国海军太平洋舰队的4艘航空母舰和8艘战列舰，其次是攻击机场和港口设施。此外，每艘航空母舰还留有1/3的战斗机在突击编队上空巡逻、警戒，以防美机的攻击。

另以第6舰队27艘潜艇编成3个先遣队、1个特别攻击队和1个军事要地侦

察队；先遣队和军事要地侦察队在突击前潜入珍珠港，在空中突击的同时，以鱼雷攻击港内美军舰船。

日军为了确保袭击珍珠港成功，战前加紧训练参战部队，对珍珠港不间断地实施侦察，进行严格周密的组织准备，同时采取各种手段实施战略欺骗和伪装，隐蔽其袭击珍珠港的作战企图。

1941年11月18前后，日本海军先遣队的潜艇伪装成日常巡逻，分别由佐伯湾和横须贺港出航，沿中航线和南航线驶向夏威夷的瓦胡岛，侦察和监视美国太平洋舰队的活动。

11月26日，日军袭击珍珠港的突击编队从单冠湾起航，沿预定的北航线以14节航速前进。在海上航行过程中，实施了昼夜24小时对空、对潜警戒和保持无线电静默。

同时，为了防止途中被美军发现，突击编队在阿留申群岛和中途岛之间美军侦察机巡逻圈以外航行。12月6日至7日，油船给突击编队实施最后一次加油。突击编队以24节的航速直逼瓦胡岛。

12月7日4时，突击编队在瓦胡岛以北230海里的海域展开。5时30分派出两架水上飞机侦察突击航线、港内停泊的舰船及气象情况的同时，对瓦胡岛东、西两侧附近海面做了大范围的搜索。

6时至6时15分，突击机群的第一攻击波183架飞机分别从6艘航空母舰起飞，利用云层隐蔽地飞向瓦胡岛。7时40分，突击群排列成攻击队形，由瓦胡岛西部进入。

7时55分，日机首先攻击希凯姆、惠列尔机场和福特航空站，压制防空火力。

7时57分，鱼雷机沿西部山区进入，一批16架对福特岛两侧舰船实施了鱼雷攻击，另一批24架绕过海军码头，从东南方向进入，从15米至30米的超低空投掷鱼雷，攻击福特岛东侧的战列舰。

8时5分，水平轰炸机绕经瓦胡岛以西，从南岸飞向珍珠港，编成以5机为中队的纵队队形，在3000米高度对福特岛东侧的战列舰、机场进行轰炸。

战斗机从西部山区东侧进入，分为6个编队，分别扫射了惠列尔、希凯姆机场和福特、卡内欧黑海军航空站，封锁瓦胡岛上空，未与美机遭遇。

第一攻击波突击历时45分钟，只遇到轻微抵抗，便顺利地完成了首次突击任务，于8时40分返回航空母舰。

日机攻击开始后，潜入港内的日军潜艇也向美军舰船实施了鱼雷攻击。此时，在港美舰有战列舰8艘、巡洋舰7艘、驱逐舰20艘、潜艇5艘、辅助舰若干。

日机第一攻击波开始时，驻岛美军惊慌失措，混乱不堪，没有进行有组织的抵抗。日军突击5分钟后，美军高炮才零星射击，岛上33个高炮连，仅4个连开火。8时15分，只有4架战斗机从未受轰炸的哈罗瓦机场起飞。

此后虽陆续起飞了两架，与日军第二攻击波遭遇，但由于仓促应战，协同不好，因而有的被日机击落，有的被自己的高炮击毁，整个基地完全陷入被动挨打的境地。

日军第二攻击波167架飞机于7时15分起飞，8时40分展开成攻击队形，各机群从瓦胡岛东部进入，8时55分开始攻击，俯冲轰炸机主要攻击舰船，水平轰炸机主要攻击希凯姆、贝罗斯机场和各海军航空站，战斗机担任空中掩护，同时封锁、扫射各航空基地。第二攻击波的突击持续了约1小时，扩大了第一攻击波的突击效果。

整个突击行动持续了约两小时，实施攻击时间约1小时30分钟，投掷鱼雷40枚，各种炸弹556枚，共144吨。

日军以死伤约200人，损失飞机29架和潜艇5艘的微小代价，炸沉炸伤美军各种舰船40余艘，击毁美军飞机188架，毙伤美军4500余人。

日军偷袭珍珠港时，美军4艘航空母舰和其他22艘舰艇出海执行任务，因而幸免于难。

日本偷袭珍珠港的成功，使美国海军太平洋舰队遭受严重损失，丧失了战斗力，瘫痪达半年之久。从此，日军可以在太平洋西部和西南部顺利地实施进攻战役，而袭击珍珠港的编队则可用来支援作战。

日本突然袭击珍珠港，拉开了太平洋战争的序幕。同日6时，日本大本营陆海军部宣布："帝国陆海军于今天8日凌晨在西太平洋与美英军进入了战争状态。"11时40分，日本政府公布了天皇向美国宣战的诏书。

日本不宣而战的侵略行径，震动了美国朝野，举国上下异常愤慨，国内一直鼓噪流行的"孤立主义"、反对美国参战和抗议政府扩充军备的"和平"呼声顷刻化为泡影，同时也宣告了美国政府长期以来推行的绥靖政策的失败。从此，美国人民团结一致，各阶层、各党派人士纷纷表示支持政府对日宣战。

12月7日晚，罗斯福总统迅速召集政府会议，商讨各项对策。

12月8日，罗斯福向参众两院联席会议发表了战争咨文。他说：

　　昨天，1941年12月7日，必须永远记住这个耻辱的日子！美利坚合众国受到了日本帝国海空军突然的蓄意的进攻。美国和日本是和平相处的，根据日本的请求仍在同它的政府和天皇进行会谈，以期维护太平洋和平。

　　历史将会证明，夏威夷距日本这么遥远，表明这次进攻是经过许多天或甚至许多个星期精心策划的。在这期间，日本政府蓄意以虚伪的声明和表示继续维护和平的愿望来欺骗美国。

罗斯福讲话以后，美国国会通过《对日宣战案》，并明确指出：日本对美国各属地未经挑衅，即已采取战斗行动，参众两院于本日，举行联席会议，议决对日宣战。

12月9日，罗斯福总统签署了这个文件，正式宣布同日本处于战争状态。

日军军部
图谋进攻东南亚

攻占马来西亚地域

1941年12月8日，日军在袭击美国珍珠港的第二天，向东南亚发起进攻。

日军进攻东南亚的作战分3个阶段：

第一阶段作战，攻占马来西亚和菲律宾，夺取婆罗洲和苏拉威西岛；

第二阶段作战，夺取爪哇岛和苏门答腊岛；

第三阶段作战，巩固占领区，相机夺取缅甸、安达曼群岛。夺取这些地区后，建立一条北起千岛群岛，经威克里特岛、马绍尔群岛、吉尔伯特群岛、俾斯麦群岛、新几内亚岛、帝汶岛、爪哇岛、苏门答腊岛、安达曼群岛至缅甸防线。

第一、二阶段作战，要在3个月内完成。

日军大本营组成南方军，11月下旬，南方军全面展开。12月2日，日军大本营向南方军下达"鹫号"命令。当日下午16时，南方军总司令部发出命令，要求所属各集团军随时准备发起进攻。

马来西亚方向是日军进攻东南亚的重点。日军对马来西亚作战目的，在于击溃该方向之英军，攻占其要地，尤其是夺取南洋群岛的战略中心新加坡，摧毁英国在东亚的根据地。

　　日军大本营和南方军在战前进行了周密筹划，企图以陆海军协同，采取奇袭登陆和陆上突进的方式，遣送登陆部队主力直接登陆。在登陆的同时或稍前，航空兵进行攻击，夺取制空权，掩护登陆部队上岸、抢占重要军事基地和机场、后续登陆部队跟进展开。

　　担任马来西亚作战的日军是山下奉文指挥的第二十五集团军，海军是小泽治三郎的南遣舰队以及配属的第二十二航空队。

　　具体作战计划是，登陆部队主力第五师团在马来西亚半岛颈部以南实施登陆。第五十六师团跟进，在关丹至丰盛港地区登陆，向新山方向推进，协助主力作战。同时，第十八师的支队在哥打巴鲁登陆。近卫师团进攻泰国，循陆、海两路逐次从北向马来方向进攻。

　　战役开始第八天，第二批登陆部队从金兰湾出发，继续在宋卡、北大年、哥打巴鲁登陆，增援第一批登陆部队。待进至新山水道一线后，集结全部登陆部队攻占新加坡。

　　12月4日，日军第一批登陆部队在海军的护航下，从中国海南岛三亚港起航。登陆输送队按预定计划沿中南半岛东海岸向南航进。

　　6日晨，从越南海南转向西北，伪装由暹罗湾驶向曼谷。至7日中午，航至富国岛西南海域突然改航，分路直驶西南预定的宋卡、北大年、哥打巴鲁预定目标。

　　英国空军值班飞机于6日15时在中南半岛的金瓯海角南方海面发现了日军登陆输送队，新加坡英国驻军接此报告后，立即召开紧急会议。会议决定，一切行动等待伦敦指示。结果，守军坐视事态发展，贻误战机。

　　日军按照预定计划，首先占领泰国，然后从泰国进攻马来西亚。1941年12月8日零时，日军第五师团主力到达泰国南部。在占领泰国之前，日军想通过与泰国当局谈判达到兵不血刃的占领目的。

　　结果，由于泰国总理銮披汶·颂堪和海军部长不在首都，日本大使在没有找到谈判对象的情况下，于8日1时15分便把日军进占泰国的最后通牒交给泰国外长。3时30分，日本南方军总司令官寺内寿一命令日军进入泰国。凌晨

4时日军开始登陆，泰军没有抵抗就被迫停火。然后，日军第五师团直扑泰国边境。

与此同时，8日1时30分，第十八师的支队5300人在海军第三水雷战队第一护卫队主力的护航下，分3个波次在马来西亚北部的哥打巴鲁强行登陆。

登陆后，遭到英守军的顽强抵抗，英军飞机击沉日军输送军事物资的"淡路山号"，击伤"绫户山号"、"佐仓号"。经过4个小时的激战，日军从海岸线深入1500米，控制了英军阵地。晚上，日军又集结登陆部队主力一举夺取机场，击退了英军的反击。

登陆战役开始后，担任空中掩护的日军第三飞行集团开始对马来半岛机场和新加坡海军基地进行大规模的轰炸，迫使英空军退缩到新加坡地区。

日军第二十二航空队也于8日拂晓长驱直入，袭击了新加坡英军的军事设施。9日下午又袭击了关丹机场，两天共击毁英军飞机50架，使英军损失1／3的空中力量，日军掌握了作战地域的制空权。

为了阻止日军继续登陆，12月9日17时，英军远东舰队司令菲利普斯率领以"威尔士亲王号"和"反击号"为骨干的海军编队，准备北上袭击日军登陆输送队。

日军一方面进入迎战状态，一方面利月舰载机和潜艇同英海军编队保持接触。

10日8时，英海军编队航至关丹没有发现日军，便转航继续搜索。11时56分，日机在关丹以东约40海里处发现英海军编队，第二十二航空队迅速出动34架俯冲轰炸机、51架鱼雷轰炸机发起攻击，一举将英军"反击号""威尔士亲王号"击沉。除2000人被驱逐舰救出外，菲利普斯等800余名官兵全部阵亡。

日军夺取制海权和制空权后，后续部队不断上陆，主力越过克拉地峡，进入吉打州，沿西海岸的铁路和公路向南推进。

12日，佐伯联队一举突破英军重兵防守的马来西亚北部主要防线——日得拉防线。

13日，占领吉打州首府亚劳。同一天，日军攻占爪拉丁加奴机场。

日军的登陆战役取得了出乎预料的成功。

12月17日，日军在亚罗士修改作战计划，决定以第五师团和近卫师团沿西海岸向吉隆坡、金马士方向推进，以利于主力部队作战。另以第十八师团在宋卡待命，伺机在马来东南沿岸的丰盛港附近登陆，迅速向居銮和新山推进，切断英军主力的退路。

这样在新山州以北、吉隆坡以南地区将英军主力同新加坡分割开来，各个击破。

12月19日，日军占领马来半岛西海岸槟榔屿上的维多利亚空军基地，切断了英国空军从印度、缅甸向新加坡、马来西亚机动的空中航路。至此，日军夺取了马来半岛北部的所有机场。

1942年1月7日，日军攻占士林河桥，完全切断了北部防区印度第十一师的退路，该师遂告瓦解。1月11日，吉隆坡失守，英军在马来西亚中部的防线被突破。

1月10日，山下奉文下令继续追逃向新加坡的英军，以近卫师团经马六甲，芙蓉、淡边、金马士公路追击。日军进入新山州开阔地域后，两个师同时展开，要抢在英军得到增援之前占领马来半岛。沿东海岸进攻的日军支队于1月3日夺取了关丹机场。英军判断日军在兴楼登陆，便主动撤退。

英军原计划在新山州抢筑工事，构成新加坡北方屏障，固守待援。但由于英军前线迅速溃败，被迫于1月31日将部队全部撤往新加坡，炸毁新、马之间的长堤。日军夺取了除新加坡外的全部领土。

1月31日，日军下达准备进攻新加坡的命令。2月8日24时，日军分两路渡过柔佛海峡，在新加坡登陆。当天，日军攻占丁加机场，并推进至天格机场。

11日，第五、第十八师团从东、西两侧进攻英军基地提马。

12日夜，近卫师团占领曼台山。

14日，夺取水库，切断了新加坡和英军基地的水源，开始向市区炮击。

15日，日军进抵新加坡城市郊，英守军无力再战。午后，英军司令官帕西瓦尔中将率守军投降，至此，印度洋的门户已经向西敞开。

缅甸是日军东南亚作战的重要目标。

日军为了保证马来西亚作战的侧翼，巩固印度支那、泰国占领区，切断美英对中国进行补给的滇缅公路，配合中国战场的日军作战，胁迫蒋介石投降，威胁印度，迫使印度脱离英国，同时企图将缅甸作为长期占据南亚地区的北翼据点，掠夺缅甸的丰富战略资源，遂于1942年1月初发动缅甸战役。

日军在进攻缅甸的同时，为了保障缅甸的海路补给，于1942年3月23日，以陆海军一部占领印度的安达曼群岛和尼科巴群岛。新加坡失守之后，印度洋门户洞开，印度、锡兰失去屏障。

英国十分担心这两个殖民地的安危，在缅甸兵力非常缺乏的情况下，集结了36个旅防守锡兰，并于3月间在锡兰成立一支新的舰队。

日军担心英国海军势力的增长会危及它由海路向仰光的增援，于1942年4月5日和9日，出动由南云指挥的第一航空舰队为主的机动编队，对锡兰科伦坡港和亭可马里海军基地进行了空袭，共击沉英军轻重巡洋舰5艘、航空母舰和驱逐舰各1艘，击落飞机约90架，同期还在孟加拉湾等海域击沉英国舰只30余艘。

英国在遭受袭击之后，将东方舰队主力撤往东非，实际上放弃了印度洋。英国担心日本会在掌握印度洋制海权之后，大举进犯印度大陆。但日本这时已成强弩之末，力量有限。日军舰队解除了对仰光的海上威胁之后就撤了回来，其陆上兵力的扩张能力达到了极限，再也无力占领锡兰，更不要说占领印度这样的大国了。

攻占菲律宾

菲律宾由7000多个大小岛屿组成，是太平洋和南中国海、印度洋交通要塞。最大岛屿吕宋岛上有美国在远东最大的军事基地克拉克和甲米地。

日军企图攻占菲律宾群岛中的吕宋岛马尼拉和棉兰老岛达沃，将美军逐

出远东，以支援对荷属东印度群岛的作战，控制日本本土到南洋之间的海上交通线。

日军制订的作战计划，采用了登陆作战的正攻战法。战争初期首先夺取制空权，在开战后3天内歼灭美军航空兵主力，同时派登陆先遣队夺取主岛吕宋岛周围的岛屿和吕宋岛沿岸防御薄弱地区。

然后在吕宋岛实施多处登陆，占领机场，适时向前机动航空兵，保障登陆主力在仁牙因湾、拉蒙湾登陆，分进合击马尼拉，并夺取南部的棉兰老岛，从战略上把菲律宾背后割断，最后占领菲律宾群岛。

参加作战的日军是由本间雅晴指挥的第十四集团军，共57000余人。参战的部队还有海军第三舰队和第十一航空队以及陆军第五飞行集团，共有各种作战舰只43艘，飞机500架。

此外，还有南方军的直属部队和进攻马来西亚的部队进行支援。这些部队分别集结在中国的台湾和帛琉群岛等前沿阵地。

美国在制订远东和太平洋地区作战计划时，对坚守菲律宾缺乏信心。美军判断，一旦美日战争爆发，日军将对菲律宾发动突然进攻，夏威夷基地与菲律宾相距4000海里，不易防守，在一段时间内难以增援，菲律宾方面的防御主要依靠驻菲美军和当地部队。

1941年7月，美国开始加强在远东的力量，在菲律宾成立了远东美军司令部，由麦克阿瑟中将任司令，开始向菲增派人员和武器，继续构筑巴丹半岛和哥黎希律岛的防御工事，但整个防御计划至1942年2月才能完成。

1941年12月8日9时，日本陆海军航空队500架飞机从台湾出动对吕宋岛美军航空兵基地进行轰炸，一举将美军在马尼拉附近的克拉克和伊巴机场上的200架飞机炸毁一半。

其中，对日军威胁最大的"空中堡垒"B—17式轰炸机2/3被毁于地面，日军取得了空中优势。同时，日军先遣部队开始行动，以一个营攻占了吕宋岛以北的巴坦岛。

12月10日至15日，日军陆海航空队连续进行了多次攻击，美军在菲律宾

群岛中南部残存的三四十架飞机基本上失去了反击能力。

12月10日，日军分别夺取在甘米银岛和阿帕里、维甘、黎牙实比3处机场，并向马尼拉方向实施合击。日军航空兵继续攻击美军海空力量，轰炸马尼拉湾的甲米地和苏比克湾的乌朗牙坡海军基地，炸沉美军舰艇4艘，炸毁海军巡逻机1/4。

至12月17日，美军被迫把在菲律宾剩下的飞机、军舰撤往澳大利亚等地。日军完全掌握了菲律宾地区的制海权和制空权，完成了预定的第一阶段作战计划。

12月17日，日军开始对菲律宾进行第二阶段作战。12月22日和24日，日军分别在吕宋岛的仁牙因湾和拉蒙湾登陆。25日在和乐岛登陆。17天之内，日军成功地实施了9处登陆。

在日军迅猛突击下，美军损失惨重，马尼拉的防线迅速被突破。12月

日军轰炸美军空军基地（油画）

26日，麦克阿瑟下令撤出马尼拉，将部队集中于巴丹半岛的预设阵地进行抗击。日军没有紧追美、菲退却的部队，仍按原作战方案向马尼拉推进。

1942年1月2日，日军攻占马尼拉。1月10日，日军向巴丹半岛的美军发动进攻，此时南方军已将第五飞行集团和土桥师团调去进攻缅甸，参加对荷属东印度群岛的作战，侵菲日军战斗力大为下降，加上地形不熟，热带病流行，此次作战，日军减员较大。

1月28日，日军被迫停止进攻，巴丹半岛的作战陷入僵持状态。4月3日，日军在得到22000人和飞机、火炮的增援后，集中第四、第十八、第六十五师团30000人对巴丹半岛发起第二次进攻。在日军猛烈攻击下，巴丹半岛守军75000人于4月9日投降。

日军攻占巴丹半岛后，对哥黎希律岛连续实施猛烈的炮击和轰炸。

5月5日，日军渡过海峡在哥黎希律岛登陆。接替麦克阿瑟指挥的美军中将温赖特于5月6日广播投降书，驻岛美菲部队15000人成为日军战俘，随后，南部其他岛屿的美菲部队也大部投降，一部溃散或潜入山林。

攻占荷属东印度群岛

荷属东印度群岛位于亚澳大陆、太平洋和印度洋之间，由爪哇、苏门答腊、婆罗洲等3000多个岛屿组成，是控制两块大陆、两大洋海上交通的咽喉要地，并盛产石油、橡胶、锡、生铁、煤等战略物资。

为了切断美澳联系，建立向太平洋进攻的前进基地，夺取丰富的石油资源，日本把占领荷属东印度群岛作为主要目标。

日军对荷属东印度群岛的作战企图是，以马来西亚、菲律宾为基地，从两翼实施包围，首先夺取外围岛屿和石油资源地区，消灭盟军海空兵力，然后集中兵力攻占该地区的政治、经济、文化中心爪哇岛。

日军大本营对此次作战进行了充分准备，认为这次作战的关键是，要确保在对方破坏之前完整地占领石油资源的生产和储备设施，以便在短期内可以恢复生产，供作战急需。

为此，在作战方式上，日军决定奇袭，作战时间尽量提前。参加这次作

战的兵力是今村均指挥的陆军第十六集团军。此外，还有海军第三舰队、第十一航空队、陆军第三飞行集团，共约10万人，飞机430架。以南遣舰队为基干的马来部队也参加此次作战。

1942年1月3日，美、英、荷、澳在爪哇万隆组成西南太平洋盟军司令部，由英国韦维尔将军担任总司令。当时整个东南亚的战略态势对盟军十分不利，美英军在菲律宾和马来西亚的败局已定，荷兰早在欧洲战败。韦维尔刚从新加坡转战担任形势险恶的东印度群岛的防卫任务。

由于四国各自关心本身的得失，难以达成战略协同。参加作战的美英军多是从菲律宾和马来西亚败退下来的，荷兰部队多数是当地人，同荷兰殖民者一句存在矛盾，战斗力不强。盟军在荷印地区的兵力有陆军92000人，其中荷属东印度军75000人，各种舰艇146艘，飞机300架。日军分3路进攻爪哇外围岛屿，夺取制空权，占领资源地区，形成对爪哇的包围态势。

1941年12月16日，担任中路进攻的日军第十八师团占领了婆罗洲北部的米里和斯里亚，25日占领古晋。1942年1月11日，坂口旅在海军的配合下，避开正面港湾，从西岸丛林地带登陆，攻占著名的石油产地打拉根，突破荷属东印度北部防御的第一道防线，1月24日占领巴厘巴板，守军一个营烧毁油库后撤退。2月10日，日军占领马辰。1月11日，东路日军占领苏拉威西岛的万雅老，24日占领根达里。

1月31日和2月20日，日军的一个联队在航空兵的配合下，对安汶岛、帝汶岛实施登陆，迫使岛上荷澳守军投降。日军夺取两岛后，盟军失去了后方依托。2月19日，日军出动舰载机200架，轰炸澳大利亚北部的达尔文港，炸沉舰艇11艘，炸毁飞机23架，炸死炸伤约500人。西路日军担负攻占苏门答腊岛上重要石油资源地区——巨港。

2月14日至15日，日伞兵第一旅一部和伞兵预备队在巨港空降成功。与此同时，日军一个师团的主力约10000人在巨港登陆。

登陆部队与空降兵会合后，于2月15日占领巨港，守军炸毁炼油设备后撤至爪哇。至此，日军已完成第一阶段的作战任务并从东、西、北三个方向逼

近爪哇。

2月下旬，在日军对爪哇实施登陆之初，美、英、荷等国的舰队在荷兰海军上将赫尔弗里克的指挥下，组织了对日军登陆输送队的多次攻击。

2月23日，日军搭乘运输船48艘，由巴厘巴板港出发，向泗水方向航进。

26日晨，在婆罗洲南部的拉乌特岛以南编成一支庞大的登陆输送队。当日17时30分，航至泗水西北方约60海里处，与盟军4艘巡洋舰和7艘驱逐舰编成的联合舰队相遇，双方进行远距离炮战，盟军两艘驱逐舰被击沉。

日军为了保证登陆兵力的安全，于19时30分开始北撤，暂时脱离接触。深夜，盟军舰队又北上对日军登陆输送队进行攻击，双方使用了鱼雷，结果盟军两艘巡洋舰被击沉，日军数艘运输船被击沉。此次海战，使日军登陆比预定时间推迟了一天，然而未能从根本上扭转战局。

准备在雅加达地区登陆的日军主力，搭乘运输船56艘，于2月28日夜抵达万丹湾泊地。第十六集团军主力开始换防时，盟军巡洋舰"休斯敦号"、"柏斯号"对正在换防的日舰进行袭击，数艘运输船受重伤。

日本海军"赤城号""加贺号""苍龙号"和"飞龙号"4艘航空母舰，还有近藤指挥的第二舰队和南方部队——在爪哇东南海域歼灭从荷属东印度地区向澳大利亚撤退的联合舰队，防止美军太平洋舰队增援。

2月19日，空袭达尔文港的日本海军第一航空舰队返回肯达里港后，于2月25日向爪哇以南海面出击。自3月1日至4日，共击沉盟军驱逐舰3艘、普通舰船13艘。至此，盟军联合舰队全部瓦解，残余舰艇撤往澳大利亚。

日军经过对爪哇大规模的连续空袭和扫清外围岛屿的作战，完成对爪哇登陆作战的准备。3月1日，日军主力在爪哇东部和西部同时登陆。担任西路的第二师和东海林支队从雅加达湾和安列丹登陆，基本上没遇到有组织的抵抗，登陆后直奔沙班并切断爪哇北部东西铁路交通线，直接威胁雅加达和万隆。担任东路的第四十八师团和坂口支队在泗水港西南克腊干登陆，从背后包抄荷属东印度的海军基地泗水港，一举切断盟军南撤的道路。由于岛外所有机场已被日军控制，爪哇三大战略要地首府雅加达、守军总司令部所在地

万隆、海军基地泗水港均陷于被分割孤立无援的困境。

日军发起猛攻，3月5日占领雅加达，7日攻占万隆，8日攻占泗水港。

3月9日荷属东印度军事当局被迫向日本宣布投降。

攻占香港、关岛和威克里特岛

香港是英国在中国的殖民地和远东的重要军事基地，战略地位相当重要。1938年10月日军占领广州后，香港成为防御薄弱的孤岛。

1940年法国败降后，英军曾考虑撤出香港。1941年10月，英军以两个加拿大营增援香港，该地陆军兵力增至约10000人，另有海空军一部。

在日军进攻前，香港守军估计日军从海上进攻，把防御重点放在海面，陆上沿九龙以北"德林格防线"设防，但日军却从陆上发起进攻。

为进攻香港，日军调集了中国派遣军第二十三集团军、陆军航空兵一部和第二遣华舰队协同作战。

1941年12月8日凌晨，日军先以航空兵轰炸香港启德机场，海军从海上实施封锁，尔后以第三十八师团从深圳以东向九龙半岛发起进攻，12日突破英军防线。12月14日，英军被迫退守香港岛。

12月18日晚，日军分三路渡海，占领香港岛东北部，后切断市区水源，迫使利用地形和掩体继续抵抗的英军于12月25日投降。

关岛是美国在马里亚纳群岛的海军基地。

1941年12月10日拂晓，在第四舰队海军航空兵掩护下，日军南海支队分三路在关岛南、北海岸登陆，当日下午以优势兵力占领该岛，岛上美军500人全部投降。

威克里特岛是美国在中太平洋重要海空基地。驻守该岛的美国海军陆战队只有450人，另有工程作业人员1000余人，配备有火炮18门，战斗机12架。

1941年12月8日，日军出动36架轰炸机空袭威克里特岛，炸毁美机7架。

12月10日，日军第四舰队一部企图以其所辖海军陆战队在威克里特岛登

陆，遭到美军炮兵和4架战斗机的猛烈攻击。日军驱逐舰被击沉击伤各两艘，巡洋舰两艘被击伤，其余仓皇撤离。在得到两艘航空母舰和3艘重巡洋舰增援后，日军乘增援威克里特岛的美军特混舰队尚未到达之机，于12月23日再次登陆，并攻占该岛。

从1941年12月8日至1942年4月底，日军在5个月时间内，以1.5万人的代价，打败了美英荷在远东的30余万军队，相继占领了泰国、马来西亚、新加坡、缅甸、菲律宾、荷属东印度和香港，以及西太平洋上的一些岛屿，夺取了386万平方千米的土地，控制了这一地区的1.5亿人口和丰富的战略资源，达到了战争的初期目标。

日本发动太平洋战争，虽然在军事上暂时取胜，但在国家战略上却出现重大失误：日军在中国战场泥足深陷，而又贸然偷袭珍珠港——美国太平洋舰队基地，从而将美国拖进战争，使自己陷入两线作战的战略困境，加剧了其侵略野心与国力不足的矛盾，为后来它的彻底失败埋下了种子。

129

世界联盟

第 二 次 世 界 大 战 的 展 开

两大联盟的形成

　　欧战爆发后，德国、日本、意大利三个法西斯国家为了瓜分世界，勾结在一起，结成了东京—罗马—柏林轴心，这个军事集团的成员被称为"轴心国"。1942年1月1日，为了对抗法西斯国家的侵略，26个国家在华盛顿签署了《联合国家宣言》，签字国决定倾其全力同德意日法西斯国家作战。宣言的签署和发表，标志着国际反法西斯同盟正式建立。

法西斯国家
建立军事同盟

欧战爆发后，日本阿部信行内阁发表声明："日本帝国不介入，专注于解决中国事变。"

1939年9月13日，日本政府又宣布"对外坚持自主立场，以应付复杂微妙的国际形势"的外交方针，企图摆脱对德国的依附，与英美保持协调的外交关系，以便最后解决"中国事变"。

1940年1月16日开始执政的米内光政内阁，在执政初期基本上沿袭了阿部内阁的外交路线。

1940年4月至6月，德军闪击北欧和西欧6国接连得手，令一度销声匿迹的缔结"三国同盟"的呼声在日本重新抬头。

日本政府认为，法国败降后，英国犹如风中残烛，东南亚已成真空地带，日本应乘机同德意结盟，首先摆脱中日战争的困境，进而推行其南进政策；另一方面，德国在西线获胜后，特别是它一旦打败英国，就会强逼战败国割让它们在太平洋地区的殖民地，如果日本参加轴心同盟，德国也许会考虑其负有的义务，不致损害日本在该地区的利益。

6月19日，日本驻德大使来栖三郎通知德国外交部，正在罗马访问的日本外务省顾问佐藤尚武将去柏林访问，裕仁天皇准备重新考虑他在一年前拒绝的关于建立"德意日三国军事同盟"的建议。

此时，德国正为自己在西线的胜利洋洋自得，对"日德结盟"不感兴趣。因此，对日本的提议冷淡地表示："如果日本有可能向德国提供实质性的利益，如供应原料等，也许能达成一项协定。"

7月8日，佐藤在会晤德国外交部长里宾特洛甫时说："由于日本在远东的行动转移了英法美的注意力，使德国得以在西线顺利取得胜利，希望两国今后密切合作，排除美国干涉欧洲事务，在欧洲建立德国的新秩序，在亚洲建立日本的新秩序。"

里宾特洛甫则表示，三国同盟谈判失败就是由于日本对欧洲事务漠不关心，他不明白现在日本提出加强德日合作有何用意，暗示日本提出更具体的建议。为此，日本外务省草拟了一份《日德协定》大纲：

一、德国承认包括印度支那和荷属东印度在内的南洋地区为日本的势力范围，并支持日本在这一地区的霸权，帮助日本处理"中国事变"，给予日本与欧洲非集团通商的优惠待遇；

二、日本承认德国在欧洲和非洲的霸权，并协助德国迫使英国投降，给予德国与"大东亚"地区通商的优惠待遇；

三、德日两国应共同维护同苏联的和平，但如其一国受到苏联的威胁，两国应共同协商采取措施，如果其中一国与苏联开战，另一国不得给予苏联援助；

四、德日两国应共同合作来阻止美国干涉欧洲和亚洲事务。

7月12日和16日，日本外务省和陆军省、海军省官员就上述草案进行了讨论。与会者一致同意外务省拟订的方针，通过《日德意提携强化案》，提出日德意三国"在不参战范围内，实行最大限度的合作"。

在欧战爆发前，米内身为海相曾极力反对与德国结盟。欧战爆发后，米内内阁又奉行"自主外交"，后为形势所迫，其对与德结盟的态度有所改变，但不很积极。

米内内阁的谨慎态度遭到陆军将领和其他激进派的强烈反对，他们要求与德意结成生死与共的坚强同盟，决意踢开米内内阁，建立一个能同轴心国密切合作的内阁。

1940年7月16日，陆相畑俊六经授意提出辞职，军方则拒绝推荐继任人，米内内阁被迫全体辞职。7月22日，法西斯分子近卫文麿再次组阁。米内内阁倒台后，与德意结盟谈判的计划未能付诸实施。

7月19日，近卫组阁前夕，在私宅与即将上任的陆相东条英机、海相吉田善吾、外相松冈洋右举行会谈，制订了新内阁的对外政策方针：

为适应世界形势的巨变，迅速建设东亚新秩序，应加强日德意轴心，东西相互策应，以便执行各自的重要政策。

7月27日，日本大本营、政府联席会议通过《适应世界形势变化的时局处理纲要》，决定为"推进中国事变的处理"，解决南方问题，在对外政策上要"以德意为政策重点，特别要迅速加强同德意的政治上的团结"。

墨索里尼、希特勒和东条英机（从右至左）（蜡像）

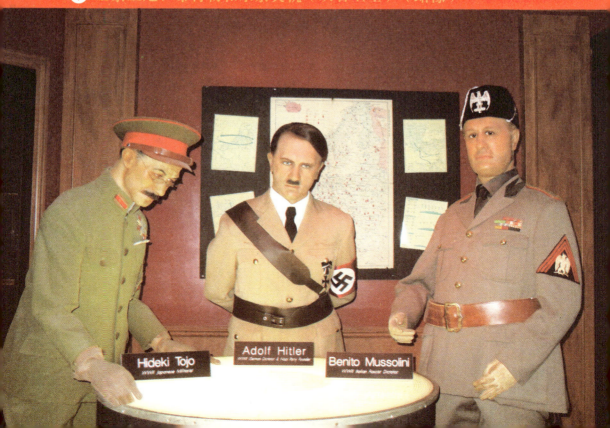

7月30日，松冈洋右主持制订了《关于加强日德意合作的文件》，提出：如果德意要求军事援助以对付英国，日本原则上表示同意，但使用武力的时间由日本自主决定；如果缔约国一方有与美国开战的危险，缔约各方应就采取何种措施进行磋商。

8月1日，松冈洋右和驻德大使来栖三郎还分别在东京和柏林试探了德国对"大东亚共荣圈"和日德意结盟的态度。

德国政府一改其冷淡态度，对松冈的建议做出积极反应。8月13日，里宾特洛甫通过其远东问题专家海因里希·施塔默通知日本驻德大使，德国准备就加强德日同盟问题恢复谈判。对此，德国有其自己的考虑：

一方面，法国败降后，英国誓死不降，严词拒绝希特勒的"和平建议"，德国面临长期作战的危险，而且美国不断加强对英援助，对德参战的可能性大增。德国希望借助与日本结盟向英国施压，迫其就范，并牵制美国，阻止其参战。

另一方面，自法国败降和苏联向罗马尼亚提出割让比萨拉比亚与北布科维纳地区的最后通牒以来，德苏关系开始破裂，德国加快了侵苏准备，它希望借助日本在远东牵制苏联。

日本内阁于9月上旬多次召开首相、外相、陆相和海相四相会议，确定同德国谈判的要领：

其一，日本与德意两国对建设世界新秩序具有共同立场，对建立和治理各自的"生存圈"应相互给予支持；

其二，日德意三国加强经济合作，日本向德意提供"大东亚"的农林、水产、矿产品等，德意应向日本提供必要的技术援助和飞机、机械、化学制品等；

其三，日德意三国从东西两面牵制苏联，因势利导，使之符合三国共同利益，并设法使其势力范围向较少直接影响三国利益的地区如印度方向发展；

其四，如果"中国事变"大致处理完毕，或国际形势发生变化而不再容许犹豫，那么，日本可以对英美使用武力。

9月7日，德国政府全权代表施塔默抵达东京，两天后开始与松冈会谈，提出了德国对结盟的几点要求：日本应牵制美国在东亚的行动，阻止其投入欧洲战争，并协助德国获取战略物资；德国则向日本提供武器和军事物资，并承认日本在东亚的政治领导权。

经两天会谈，双方在一系列问题上达成共识：

日德意三国希望美国不参加欧洲战争和"日华纠纷"；德国不要求日本介入其对英战争；只有日德意三国坚决采取一致的态度，才能抑制美国的行动；三国条约下一步也要使苏联参加，德国就日苏合作进行斡旋；德国为避免日美在东亚的冲突而努力。

9月11日，双方对条约草案取得一致意见。

9月19日，日本御前会议认可了会谈结果。

德日就缔结军事同盟达成共识后，希特勒决心将意大利拉入同盟条约。意大利虽与德国缔结过军事同盟，但它不想当德国的副手，企图与德国平起平坐，打一场与德国的战争"相平行的战争"，以实现复兴"大罗马帝国"的美梦，因而与德国同床异梦。

9月19日，里宾特洛甫前往罗马，向墨索里尼和意大利外交大臣齐亚诺通报德日谈判的情况，双方就意大利签署《三国同盟条约》达成协议。

9月27日，德意日三国在柏林签订为期10年的《同盟条约》。

条约开宗明义地写道，德意日三国合作的目的就是要在欧洲和"大东亚"地区建立并维持新秩序。

第一、第二条规定，"日本承认并尊重德意志和意大利在欧洲建立新秩序的领导权"；"德意志和意大利承认并尊重日本在大东亚建立新秩序的领

导权"。

第三条规定，"如果三缔约国中之一受到目前不在欧洲战争或中日冲突中的一国攻击时，应以一切政治、经济和军事手段相援助。"

第五条规定，本条约诸款"毫不影响三缔约国各与苏俄间现存的政治地位"。此外，为了实施本条约，条约还规定三国派员组成联合技术委员会。

在《三国同盟条约》签订的当天，松冈和德国驻日本大使欧·奥特还在东京互换了几项秘密议定书。议定书规定：

如果日本遭到尚未参加欧洲战争和中日战争的国家攻击，德国将全力给予经济和军事援助，并预先尽力给予技术和物质援助，协助日本做好应付此类事变的准备；

如果日本同英国开战，德国尽量援助日本；

德国将尽全力促进日本与苏联之间的友好谅解；

以前属德国而此时由日本受国联委托管理的岛屿，仍由日本统治，但日本应给德国一定补偿；

此时由日本占领的德国属地在欧战结束后应归还德国，届时双方可经过谈判，将这些属地卖给日本。

《三国同盟条约》的签订，是德意日实现政治、经济、军事全面勾结的标志，它加强了法西斯国家的战略地位，加速了德意日法西斯的侵略扩张步伐。

太平洋战争爆发后，为巩固三国同盟，协调各方行动，1941年12月11日，德意日三国又在柏林签署《联合作战协定》，规定缔约国各方将以一切手段对英美作战，直至彻底胜利，非经协商，不得单独同英美休战或媾和。

1942年1月18日，三国又签署新的《军事协定》，划分各自的作战区。

德意法西斯的
欧洲"新秩序"

　　德国和意大利在欧洲侵略扩张伊始，就在其占领的国家和地区逐步建立法西斯殖民统治，美其名曰欧洲"新秩序"。他们在这一幌子下，对占领区人民实施残酷的暴力统治、种族灭绝和经济掠夺，犯下了不可饶恕的罪行。

　　1936年3月7日，德军进驻莱茵兰，开始进行对外扩张的预演。两周后，希特勒首次宣称：欧洲应该建立一种"新秩序"。其言下之意就是，要建立一个他鼓吹的由雅利安"优等种族"占统治地位的欧洲。

　　1939年5月，希特勒在德国的一次高级军事会议上重申，德国应获得"与其国家地位相称的生存空间"，以解决其8000万人民的粮食供应和其他经济问题。

　　据此，德国不满足于恢复其第一次世界大战前的边界，准备将法国北部、孰艮第大部、阿尔萨斯和洛林地区、奥地利，以及荷兰人、丹麦人、挪威人和瑞典人所在的国家和地区并入大德意志国版图。

　　在东方为本国夺取直达乌拉尔的广阔的"生存空间"，其中，波罗的海沿岸地区、乌克兰和克里木应成为德国的移民区；在法国的剩余部分、巴尔干半岛、意大利、西班牙和葡萄牙组建德国的卫星国。

　　希特勒认为，实现上述目标的唯一办法，就是发动战争，对外扩张。

　　种族主义也是影响德国欧洲"新秩序"构想的重要因素。纳粹党党纲污蔑犹太人是德意志民族的"祸害"、煽动破坏德国的"罪魁"。

　　希特勒则声称，只有"优等种族"雅利安人是"文明的建设者"，有权主宰欧洲；犹太和斯拉夫民族等"劣等种族"是"文明的破坏者"。他主张

以战争手段消灭犹太和斯拉夫民族，将华沙、莫斯科和列宁格勒等大城市夷为平地，以便为日耳曼民族腾出广阔的"生存空间"。

1939年1月，他在德国国会发表演说时再次预言："倘使欧洲内外的国际犹太金融势力能够使各国再一次陷入一场世界大战的话，那么，其结果绝不会是全世界布尔什维克化和随之而来的犹太人的胜利，而是欧洲犹太民族的彻底消灭。"据此，德国制订了民族灭绝和民族压迫的方针。

在政治和文化等领域，德国宣传部长戈培尔于1940年4月宣称，应将德国的"革命"推广到欧洲各国。其言下之意就是，要在德国占领的国家和地区强制推行法西斯制度，对这些国家和地区进行全面控制，取缔和镇压一切反纳粹活动。

为彻底消灭布尔什维克主义，希特勒于1941年3月就入侵苏联的有关问题提出以下方针：

> 即将发生的苏德战争"不仅是一场武装斗争，它还会导致两种世界观的搏斗。由于地域辽阔，击败敌人的武装力量还不足以结束这场战争，必须使整个地区解体为几个国家，各自建立我们能够与之和解的政府"，"必须铲除迄今压迫人民的犹太布尔什维克知识分子"。

6月6日，德军统帅部又根据希特勒的旨意下达《关于政治委员的命令》。该命令规定：在反对布尔什维克主义的斗争中，不应以国际法标准对待被俘的政治委员，而应将所有政治委员从战俘中挑出来，尔后就地处决。

为解决因穷兵黩武造成的经济困难和满足扩大侵略战争的需要，负责制订欧洲"新秩序"计划的德国经济部长兼国家银行总裁冯克于1940年7月25日向国内外宣布，德国对欧洲经济进行"改造"的设想是：

> 各国之间实行专业分工和"密切合作"，在统一计划下安排

工农业生产；调整出口结构，减少贸易壁垒；以柏林为欧洲的金融中心，德国马克为通用货币。

总之，欧洲应成为一个由德国控制的经济共同体，德国的所有占领区和卫星国都要为德国提供原料和商品销售市场，最大限度地保障德国军备生产、稳定经济、改善福利和争霸世界的需要。

这是德国当局关于欧洲"新秩序"的第一个计划，但它只涉及经济方面的内容。关于"新秩序"的政治意义，直至1940年9月27日德意日三国签订同盟条约之后，才开始变得明确起来。

意大利只是德国的"小伙伴"，处处听命于德国，它所侵占的地盘及其势力范围也比较有限。

因而，德国的上述构想基本代表了德意两国。

欧洲"新秩序"是德意法西斯以侵略战争为手段，在对外扩张的过程中逐步建立起来的。1938年3月至1939年3月，德国以武力威胁和外交手段首先吞并了中欧的奥地利和捷克。

自1939年9月德军入侵波兰，1940年又相继侵占了北欧和西欧的丹、挪、荷、比、卢、法。

1941年4月，德国还伙同意大利等国入侵并瓜分了南欧的南斯拉夫和希腊。至此，德国在欧洲夺取了约200万平方千米的土地和约1.4亿人口。

1941年6月德军入侵苏联后，还一度占领了苏联欧洲部分莫斯科以西的大片领土。此外，意大利也于1939年4月和1940年6月先后侵占埃塞俄比亚和法国一部。从而，其为建立欧洲"新秩序"创造了条件。

为加强对被占领国家和地区的控制和掠夺，德国法西斯根据其种族主义、地缘政治的原则和战略方面的考虑，针对不同对象暂时采取4类统治形式：

第一类，并入德国版图的合并区。1938年，德国首先吞并奥地利和捷克

斯洛伐克的苏台德区，尔后将其划分为几个行政区。

1939年10月8日，希特勒发布《关于东部地区行政区划和管理办法的公告》，将波兰的大片领土并入德国。

第二类，由德国行政官员直接管辖的德国移民区。1939年3月16日，希特勒下令将德军新近强占的捷克剩余领土纳入德意志国，但保留其有限自治，并改称波希米亚—摩拉维亚保护国。其自治政府首脑必须是希特勒分子，政府成员须经德国的波希米亚—摩拉维亚保护官认可方能就职。

德国保护官负责监督当地政府，又可直接颁布法令。根据10月12日希特勒的命令，在包括华沙、克拉科夫和卢布林在内的波兰领土设立总督辖区，德国原司法统一部长汉斯·弗兰克被任命为该区总督。

1941年8月1日，东加利西亚地区也被并入总督辖区。德军入侵苏联后，又先后组建东部地区专员辖区和乌克兰专员辖区，以管辖被占领的苏联西部。在第二次世界大战期间，德国开始向上述地区移民。

第三类，在德国行政官员监督下的仆从国。出于政治考虑，德国允许有不同数量日耳曼居民的丹麦、挪威、荷兰等国暂时保持"独立"，但要受德国全权代表或专员的严密监督。

例如，德国曾将丹麦标榜为它的"模范保护国"。其国王和政府因同意德军进占而被保留下来，原中央和地方政府表面照常工作，其军队未被解除武装，甚至该国的非法西斯政党也没有解散，但该国的任何重大决定都必须得到德国全权代表同意。

然而，1940年7月，丹麦政府被迫改组，亲德的法西斯分子参加了政府，斯哈威利斯出任首相。从此，丹麦的内外政策发生逆转，人民集会、言论等自由权利受到限制，政府采取了反犹太人措施，并于1941年9月25日签署了《反共产国际协定》。

后来，随着战局的变化，德国在苏德战场上的失利和丹麦国内反法西斯运动的开展，德国干脆撕下"模范保护国"的假面具，由过去的间接控制变为直接控制。丹麦全国处于戒严状态，其国务活动受到德国党卫队和警察监

视。同样，其他几国政府也是德国扶植的傀儡政权。

　　第四类，由德国武装部队直接控制的军管区。根据尔后作战形势的需要，德军对荷兰的重要港口、比利时大部、法国北部与西部沿海地区、英属海峡群岛、南斯拉夫的塞尔维亚大部、希腊的塞萨洛尼基等地和部分岛屿，以及作为德军后方的苏联部分领土实施军管。

　　除对被占领国家和地区实行分类统治外，德国还将它的仆从国纳入其欧洲"新秩序"。罗马尼亚、匈牙利、斯洛伐克、克罗地亚和保加利亚等被拉入德意日三国同盟，芬兰和西班牙也被德国视为盟友。

　　在欧洲"新秩序"中，上述国家名义上保持"独立"，实际上也在德国的控制、压迫和掠夺之下，并被绑上其侵略扩张的战车。

　　1940年八九月，德国迫使罗马尼亚将北特兰西瓦尼亚和南多布罗加地区

在刺刀下生存的占领区人民

分别割让给匈牙利和保加利亚。尔后，又要求罗、匈、保三国为其提供军事基地、大批粮食和原材料，并承担德军的占领费。此外，匈、罗、斯、芬、西等国的士兵，还被分别驱上入侵南斯拉夫和苏联的战场。

作为纳粹德国主要盟友的意大利，对德国的依赖性很大。它一面受到德国的影响和摆布，一面在其有限的势力范围建立自己的"新秩序"。

1939年至1941年，意大利先后将阿尔巴尼亚的全部领土和南斯拉夫的科索沃、马其顿各一部、达尔马提亚沿海部分地区与岛屿、斯洛文尼亚南部以及希腊的南斯波拉泽斯群岛并入自己的版图，并对被其占领的希腊大部、南斯拉夫的黑山地区和法国的芒通和罗讷河左岸部分地区实施军管。

同时，德意法西斯还制订了一系列占领法规，实施法西斯专政和掠夺性的"经济一体化"，并设置有关机构。

例如，德军入侵苏联不久，希特勒便于1941年7月17日发布《关于东方新占领区管理工作的法令》和《关于东方新占领区治安保卫工作的法令》。

法令规定，这些地区一旦停止战斗，即由德国军事当局移交有党卫队和警方等有关人员参加的民政部门管理。为统一领导上述地区各专员公署，德国还新建以罗森贝格为首的东方占领区事务部。

除在占领区实施连坐责任制外，希特勒于1941年12月2日发布"夜雾命令"，规定"任何人触犯德国占领当局或德国占领军，除判死刑者外，都应秘密押回德国，移交治安警察和党卫队保安处判刑或处决"。

这些人必须佩戴标志，在押期间不得同本国和家属通信，死后不通知家属，以获得"持久的威吓效果"。

对占领区事务，德国内政部、经济部、秘密警察、党卫队、负责战略工程构筑的"托特组织"和劳动力分配事务专员等纷纷插手。它们职权重叠，各自为政，形成混乱无序的欧洲"新秩序"的雏形。

德意法西斯的欧洲"新秩序"是对欧洲各国国家主权和民族利益的彻底剥夺，是对欧洲各族人民的种族灭绝、殖民统治和疯狂掠夺，因而，遭到欧洲人民的坚决反对。

对欧洲占领区的暴力统治和欧洲"新秩序"的建立靠的是暴力，而要维持和巩固这个"新秩序"也只能借助于暴力。在德意法西斯的暴力统治下，秘密警察取代了谍报局，党卫队取代了国防军，酷刑室取代了军事法庭，欧洲变成了各民族的监狱。

反犹灭犹是希特勒和纳粹党的一贯思想和主张。

1939年9月，德军入侵波兰后，波兰犹太人立即陷入十分悲惨的境地。在6个星期内，就有57000名犹太人被押送德国服劳役。在华沙和罗兹等城市，犹太居民还被送进隔离区。截止1939年年底，有25万名犹太人被德国党卫队和当地反犹分子杀害。

1940年4月至6月，丹麦、挪威、荷兰、比利时、卢森堡和法国的犹太人先后落入德国的魔掌。

1941年6月苏德战争爆发后，希姆莱又奉命实施消灭东欧犹太人的计划。据此，德国党卫队的一些特别行动队在整个东欧，特别是在德军侵占的苏联各地，实行灭绝犹太人的政策，他们用机枪、毒气或者是其他方法屠杀了许多犹太人。

1942年1月20日，纳粹官员根据戈林的指示在柏林附近的万湖召开会议，会上提出最后消灭欧洲犹太人的罪恶计划："在最后解决的过程中，犹太人应以适当方式在东方从事义务劳动。

"凡具有劳动能力的犹太人，男女分开，组成劳动大队，前往这些地区修筑公路，这当中无疑会有一大部分由于自然减员而淘汰。最后剩下的人必须给予相应的处置，因为他们作为物竞天择的结果在被释放时应被视为新的犹太组织的生殖细胞。"

根据这项"最后解决"犹太人的计划，在纳粹分子海德里希指挥下，特别行动队把法国、比利时、荷兰、德国、奥地利、捷克、匈牙利和巴尔干各国的犹太人驱赶到东方或北方的某些地区，然后集体屠杀。

在奥斯维辛，他们只用15分钟的时间就杀死2000名犹太人这种屠杀一天可达三四次，仅在这个地方，被毒气杀害的就有250万人，其中大部分是犹太

人。另有50万人因饥饿和患病而丧生。

据统计，1939年住在德国占领区里的犹太人约有1000万，"最后解决"一直进行到欧洲战争结束时为止，大约有600万犹太人被杀害，占全部犹太人的一半以上。

在欧洲占领区，斯拉夫人的遭遇并不比犹太人好多少。按照德国法西斯的计划，被占领的苏联、捷克、波兰和南斯拉夫等斯拉夫国家，应为日耳曼民族腾出广阔的"生存空间"。

为此，德国保安总局于1941年起草了一份《东方总计划》，于1942年6月12日得到希姆莱批准。

这个计划的实质是将东欧各国的"劣等民族"驱逐到异国他乡，或加以消灭，以便给德国移民腾出"生存空间"，为新建的日耳曼国家提供劳动力。

在斯拉夫国家中，波兰和苏联是德国镇压的重点对象。德国在波兰的暴力统治开始得最早，持续时间最长，手段最残忍。为了给日耳曼人腾出"生存空间"，德国法西斯将波兰西部地区的70万人强制迁出。波兰总督弗兰克宣称：一定要使"波兰"这个概念永远消失。

在并入德国的波兰国土上，德国一面驱逐当地居民，一面限制人口增长，强迫波兰人做绝育手术。并把大批儿童掠往德国更名改姓，以使用日耳曼精神教育他们，使纳粹观念深入他们的思想。甚至不准波兰人称波兰人，只让他们使用古老的部族名称，如"卡舒布人""玛祖尔人"等。

在总督辖区，德国也有计划地消灭波兰居民，特别是知识分子。例如1940年春夏，德国在这里进行了一次"特别绥靖行动"，杀害了3500名波兰科学家和文化艺术界人士，关闭了大中学校。

苏联既属斯拉夫国家，又是布尔什维克的大本营。因而，德国法西斯将其视为不共戴天的仇敌，在其占领的苏联西部采取更加严酷的镇压措施。

例如，侵苏德军在其辖区实施的《处理平民中不良分子和可疑分子的方针》规定，应将国家和党的干部、地方苏维埃成员、现役军人和游击队员

立即枪毙，共产党员、共青团员、集体农庄和国有农场负责人、流民、隐匿财物或煽动不服军管者送进监狱，并对消极抵抗或逃避劳役者实施体罚或监禁。

无论在军管区还是专员辖区，被关押的苏军战俘和无辜群众都备受虐待。他们不仅被强制劳动，还要经常忍饥挨饿，10余万人被活活饿死。此外，德国党卫队的特别行动队还任意杀人，至1941年年底就杀害苏联军民30余万人。

在被肢解的南斯拉夫、希腊和捷克，德国法西斯也实行极端残暴的统治。例如，在斯洛文尼亚，德国纳粹分子摧毁各民族文化中心，屠杀知识分子、宗教界人士和社会活动家。在塞尔维亚，只要一个德国士兵被游击队击毙，就有数以百计的平民被杀害。

捷克的大专院校被关闭，中小学生接受日耳曼教育，剧院、音乐厅被改成军营，知识分子被杀害，整个文化基础被摧毁。

在西欧和北欧占领区，德国的统治主要通过兼并和同化实现德意志化。然而，随着德军在东线和北非的作战失利，德国纳粹分子在西欧和北欧的统治变得更为残暴。

如在法国，共产党员和抵抗运动的成员受到镇压；来往的邮件、信函受到检查；德国人插手非占领区的事务，派遣许多代理人到那里进行监督，驱逐了一些原法国官员，新任命的官员须经德国人批准；在占领区的几个主要省份强制推行德语教学，禁止讲法语，倘若有人讲一句法语"您好"，就被立即罚款。

总之，整个欧洲在德国的铁蹄下变成了一座监狱，在这所监狱里，人们失去了一切自由，必须接受德国的统治，做一个老老实实的"奴仆"，否则不是被驱逐，就是被关押或杀害。

随着欧洲"新秩序"的建立，德意法西斯将大半个欧洲的资源、设备和粮食等攫为己有，并根据其战争经济的需要，重新配置被占领国家和地区的生产要素，建立以大德意志国为核心的经济共同体。

在波兰，根据1939年10月戈林的命令，占领当局试图将合并区的经济尽快并入德国的经济体系，而将总督辖区能够用于德国战争经济的原料、废料和机器等全部运走。在波希米亚—摩拉维亚保护国，捷克人可以处理大部分事务性的经济工作，但必须在德国的直接监督下完成。

在南斯拉夫，德国和意大利没收了私人企业、运输业和商品储备，并将粮食搜刮一空。德国把南斯拉夫看做自己理想的粮食基地，在这里专门设置特派员，以保证粮食的征收和供应。

在希腊，大批原料和粮食被掠往德国，意大利和保加利亚也分得一份残羹。

在苏联，德国的掠夺更加不择手段。战前，德军统帅部曾指示部队，"使德国得到尽可能多的粮食和石油，这就是战争的主要经济目标"。

由德军统帅部战争经济与军备局研究制订的针对苏联的第一项经济掠夺计划，就是要阻止苏军在撤退时毁掉粮食、原料和工业品储备，破坏国防工厂、矿山和铁路干线。在对苏战争的头几个月，就开始利用苏联欧洲部分的经济资源，以满足德军的战争需要。因此，计划尤其强调占领高加索石油产区的重要性。

为进一步获得有关苏联军事工业、原料和燃料产地的详细资料，并加以研究和利用，德军战争经济与军备局还成立了一个代号为"奥耳登堡"的战争经济参谋部。

苏德战争爆发后，该部又增设5个经济检查处、23个经济检查队及其分支机构，负责"开发"占领区的经济。该部拟定的文件规定，将苏联的贵重原料和设备立即运往德国，并夺取尽可能多的粮食和石油。不仅如此，德国甚至将那里的美术馆、博物馆、图书馆、私人收藏的珍贵文物和艺术珍品也劫掠一空。

此外，德国还对荷兰、比利时、法国和丹麦的经济实施一体化，通过指令性的加工订货，充分利用它们的工厂企业为德国的战争经济服务。

德国凭借军事实力强迫其占领国和保护国，提供远远超出它们所能借出

的贷款额，并在清算协定中明确规定，这些贷款要到战争结束后偿还。通过这种方式，德国获得的款项相当可观。例如，法兰西银行被迫贷给德国45亿马克。

占领费是德国的一大笔收入。德国迫使被其侵占的国家，按德国要求的标准和该国的支付能力负担德国占领军的全部费用。

罚款，是德国惯用的一种经济掠夺方式，它不时在被占领国内以种种莫须有的罪名罚款，以取得更多的资金。

总之，通过种种名目的敛财途径，德国向各被占领国家总共榨取1040亿马克。

缺乏劳动力是德国这部战争机器面临的主要问题之一，奴役占领区的劳动力是德国对外掠夺的一项重要内容。

为弥补德国劳动力的不足，早在1930年5月23日希特勒就指出："非德意志地区的居民不服兵役，可以提供劳动力。"

欧战爆发后，德国把数以万计的外国人源源不断地劫到德国服劳役。实际上，在占领区为德国服劳役的人数远远超过在德国本土服劳役的人数。

此外，希姆莱于1942年春决定，要最大限度地使用集中营里的劳工，于是，在纳粹集中营中又增加了"劳动教育营""外国民工营"和"强迫劳动营"等新的类型，数百万囚犯被迫为德国人无休止地干活，直至累死。

日本法西斯的
"大东亚共荣圈"

在德意法西斯建立欧洲"新秩序"之前，日本法西斯已着手在亚太地区建立其殖民帝国，并于1940年8月将其称为"大东亚共荣圈"，妄图以"共存共荣"的口号美化其对外侵略和殖民掠夺。

实际上，"大东亚共荣圈"是日本法西斯以军事、政治、经济等手段占领和奴役亚太各国和地区、实行残暴殖民统治和疯狂经济掠夺的一幕丑剧。

它随着日本侵略战争的扩大而产生，随着日本侵略战争的失败而被扫进历史的垃圾堆。

日本军国主义的"大东亚共荣圈"构想是随着战争形势的发展和日本国内外矛盾的加剧而逐步形成的，它是日本对外侵略思想的集中体现。

早在19世纪末，佐藤信渊等人就从所谓"皇道主义"出发，主张日本向东南亚发展，建立以日本为中心的势力范围。

1916年，后藤新平向寺内正毅内阁献策：日本必须以"世界经济财政的和平战胜者"姿态，建立一个足以和"中欧经济同盟""协约国经济同盟"以及美国经济相抗衡的"东亚经济同盟"。

1917年，西原龟三提出"东洋自给圈"，主张废除日华之间的"经济国界"，设立"日华经济区"，并以此为中心，把北起西伯利亚，南至印度、澳大利亚的广大地区都包括进来，其旗号是"王道亲善"。

这种思想可以说是后来"大东亚共荣圈"的雏形，是日本军国主义发动侵略战争的思想基础，并随着对外侵略的扩大而逐步充实和完善。

1935年夏，参谋部作战科长石原莞尔炮制了《由军事上看皇国之国策及

国防计划纲要》，声称：

> 皇国与盎格鲁——撒克逊人之决战，乃为统一世界文明所进行的人类最后最大之战争，当前急务则应首先实现东亚联盟之核心——日满华三国之协同，我国防方针在于以迅速巧妙之手段使中国本部归我支配，以日满华三国为基本范围实行经济自给。

❖ 日本宪兵毒打占领区百姓（雕塑）

　　这种东亚联盟思想为后来的"东亚新秩序"声明和"大东亚共荣圈"的构想奠定了理论基础。

　　1936年8月，广田内阁通过《国策基准》，明确提出日本的国策是"确保帝国在东亚大陆地位的同时，向南方海洋发展"，决定采取南北并进的战略方针，以实现其在大东亚地区的霸权。

　　1937年7月7日夜，日本发动卢沟桥事变，走上了全面征服中国的邪恶之路。8月15日，日本政府发表具有宣战性质的声明，宣称：

　　日本采取断然措施是为了膺惩中国，帝国之希望在于日华提携，并取得日满华三国融合提携之实效。

　　10月1日，日本首相、外相、陆相、海相抛出《中国事变处理纲要》，确认日本在华北的目标是所谓"实现日满华三国共存共荣"。

　　1938年1月11日，日本御前会议通过《处理中国事变根本方针》，把发动全面侵华战争的目的美化为"在于与满洲国及中国之合作，形成东亚和平之枢纽，并以此为核心，对世界和平作出贡献"。

　　11月3日，近卫内阁发表"东亚新秩序"声明，向中国国民政府发出诱降信号。该声明宣称，日本的"终极目的""在于日满华三国合作建设东亚新秩

序"，"建设东亚新秩序是帝国坚定不移之方针"。

11月30日，日本御前会议决定《调整日华新关系方针》。该方针的重点是，"要结成日满华三国睦邻合作关系，以此作为安定东亚的枢纽，并建立共同防御北方的态势"。

12月22日，近卫内阁第三次发表声明，称"日满华三国应以建设东亚新秩序为共同目标而结合起来"，并提出建设"东亚新秩序"的3项原则：

1.善邻友好。中国放弃抗日，承认"满洲国"，并与之建立外交关系。

2.共同防共。中日缔结防共协定，在协定有效期间，日本要求在指定地区驻兵，内蒙古作为特殊的防共区域。

3.经济合作。中日经济提携，中国应承认日本公民在中国居住营业之自由，特别给予日本在华北与内蒙古以开发资源之便利。

此次近卫声明是日本政府随着中日战争的全面扩大，为谋求建立东亚霸权而提出的军事政治总方针。至此，被称为"东亚新秩序"的殖民大帝国的政治蓝图基本成形。

1940年，日本在侵华战争、物资供应和对美英关系等方面陷入新的困境，急于寻求出路。首先，日本发动全面侵华战争已进入第四个年头，然而其最终解决仍遥遥无期，多达85万的日军被拖在中国战场，陷入一场长期的消耗战。同时，日本在政治上的"策略攻势"也未能奏效，除拼凑一个实力有限的伪"国民政府"外，远未实现其分裂蒋介石政权并使之屈服的目的。

当日本的侵华战争陷入僵局时，德国在欧洲却"战果辉煌"。日本统治集团认为，这是打破战争僵局的最好时机，希望借扩大战争一举解决中国问题，以便联合德意重新瓜分世界。

其次，日本是一个资源贫乏的国家，重要的军需原料均不能自给，战时

石油自给率只有5%至10％。由于侵华战争陷入持久战，日军军费空前增加，国内矛盾加剧，特别是军需物资日益短缺，即使是尽力搜刮中国东北和其他占领区的财富，也不能满足其庞大的战争消耗。

日本军国主义者认为，一旦控制了东南亚的橡胶、锡和石油等丰富的战略资源，日军的战斗力就能获得划时代的充实和扩大，并为实现其称霸大东亚的野心创造条件。

再次，中国是日、美、英帝国主义角逐的主要对象，他们的矛盾随着日本侵华战争的扩大而日益尖锐，美英不能坐视日本独占中国。

1940年1月26日，美国废除《日美通商航行条约》，限制对日本的军事物资出口。这对严重依赖美国的日本来说是个沉重的打击，迫使他建立自给经济圈。

另一方面，日本对美英援助中国大为恼火，认为中国的对日攻势由于英美的援助而得到加强。因而，日本谋求侵占东南亚，切断援华路线，孤立中国的抗战。

此外，东南亚对英美也有重要的战略意义，美国工业所需橡胶和锡的80％来自东南亚。日本如果控制了东南亚，对英美的军事和经济都是沉重打击。于是，"南进论"在日本迅速抬头。

1940年7月18日，第二届近卫内阁成立，并于7月26日抛出的《基本国策纲要》提出，日本的基本国策在于"建立以日本皇国为中心，以日满华的牢固结合为主干的大东亚新秩序"。

次日，大本营与政府联席会议通过《适应世界形势演变的时局处理纲要》等决议案，规定，"把法属印度支那变为军事基地及从那里获取资源；获取荷属东印度的重要资源；占领原德属南太平洋岛屿及法属岛屿等"。

日本法西斯的侵略欲望迅速膨胀，其殖民大帝国的政治蓝图已不再局限于"日满华"三国合作，而是在强化"日满华"三国合作的基础上，把侵略触角伸向东南亚和西太平洋地区，妄图打破英美等西方国家在该地区的旧殖民统治，而代之以日本军国主义的新殖民统治，并美其名曰"新秩序"。

8月1日，日本外相松冈洋右会见记者，宣称日本的外交方针在于"建立以日满华为其一环的大东亚共荣圈"，更加明确了日本军国主义的对外侵略意图。

至此，"大东亚共荣圈"作为日本对外侵略的政略战略目标正式提出，其目的是要在包括整个中国、东南亚、印度乃至大洋洲在内的广大地域范围内建立日本军国主义的殖民统治。

1940年9月27日，《德意日三国同盟条约》在柏林签订。条约规定：日本和德意相互承认各自在欧洲和"大东亚"建立"新秩序"的"领导权"。"大东亚共荣圈"的构想得到德意的认可。

"大东亚共荣圈"的构想是"东亚新秩序"的延伸和发展，是日本军国主义的侵略野心在第二次世界大战中的恶性膨胀。

"东亚新秩序"是日本军政当局在面临中日战争长期化的情况下发表的政策声明。其主要内容是，"日满华三国合作，建设东亚新秩序，巩固东亚和平"，实质是把被肢解的中国作为日本的附属国，以建立日本军国主义的"殖民大帝国"。

同时也有其策略性的一面，意在对蒋介石国民政府实施诱降，以结束中日战争。

"大东亚共荣圈"则是日本军政当局在内外交困的情况下做出的极富冒险性的战略决策，旨在推翻英美等西方国家旧殖民统治，建立日本领导下的"共存共荣"的"新秩序"，实现日本在"大东亚"地区的霸权和殖民统治。

1941年12月7日，日本海军陆战队袭击美国海军基地珍珠港，陆军南方军在马来半岛登陆，进攻菲律宾群岛，太平洋战争由此爆发，日本法西斯在建立"大东亚共荣圈"的道路上迈出了决定性的一步。

12月10日，日军大本营和日本政府联席会议决定：此次对英美的战争及今后随着形势演变发生的战争，包括中国事变在内统称"大东亚战争"。

12日，日本内阁会议正式决定使用这一名称，并由内阁情报局公布：

第二次世界大战的展开

> 此次对美英战争，包括中国事变在内，称为大东亚战争。这是以建设大东亚新秩序为目的的战争，但并不意味着战争地域仅限于大东亚。

这就是说，日本法西斯军政当局把1937年发动的全面侵华战争和1941年12月对美英等西方国家发动的战争，看成是为建设"大东亚新秩序"而进行的同一场战争，有着相同的战争目的和战略企图。

1941年11月，日军参谋部和军令部就南进的作战计划达成最后协议。在不到半年的时间内，日本基本完成对"大东亚"的征服，控制了西起缅甸、马来西亚，东到中太平洋的吉尔伯特群岛，北达阿留申群岛，南抵新几内亚、所罗门群岛的亚洲太平洋广大地区。日本法西斯关于"大东亚共荣圈"的构想正在变为现实。

对日本法西斯来说，殖民征服的过程也就是"大东亚共荣圈"逐步建立的过程。针对各占领区的不同特点，日本军政当局采取不同措施进行控制，使其成为"大东亚共荣圈"的一员。

1932年，日本在中国东北炮制伪"满洲国"和1940年在中国沦陷区扶植汪精卫伪"国民政府"。同年，日军进驻法属印度支那，控制政权，把印度支那变成日军在东南亚的一个重要据点和军事基地。

1941年12月，日本政府又实现对泰国的"和平"进驻，迫使签订同盟条约，答应给予日本在政治、军事和经济方面的全面援助。

太平洋战争爆发后，日本对南方各占领区实行军事管制和军政一体化，以便对战略资源进行掠夺，加速战争机器的运转。

1942年6月，日军大本营在南方军中设立军管总监部，以统辖和指导各军管区。为缓解被占领区人民的反抗，日本军政当局基于政治、经济和军事的不同需要，对各占领区实行不同的政策。

在印尼，日本采取分而治之的办法，将原荷属东印度分为3个不相统辖的行政单位。在马来西亚，日本取消了英国时代的海峡殖民地、马来联邦和

马来属邦在统治体制上的区别，将马来西亚分为8个省，均由日本人任行政长官。

对菲律宾和缅甸，日本占领者在确保控制权的前提下，给予一定的自治权。1942年1月成立菲律宾政务委员会，作为中央行政机构，由日本顾问控制其大权；8月在缅甸成立以巴莫为首的缅甸"行政委员会"，但大权同样操纵在日本顾问和日本军事当局手里。

1942年6月，日本在中途岛海战失利后，与盟军展开旷日持久的激烈争夺。

为加强日本和被占领地区的特殊关系，完成"大东亚战争"，东条内阁决定建立一个特殊机构。

早在1942年2月，日军刚一占领新加坡，陆军省兴亚院和企划院就研究了"关于规划和实施对大东亚各国及各地区的各项政策的综合责任官厅"的设置方案。

经过半年多的准备，9月1日内阁会议通过《大东亚省设置案》，规定新省的宗旨为："集中发挥大东亚全区的总体力量以增强战斗力"。

11月1日，根据天皇敕令，正式成立了大东亚省，下设4个局：总务局、"满洲"事务局、中国事务局和南方事务局。同时，原拓务省、兴亚院、对"满"事务局和外务省的东亚局、南洋局并入该省，这样便大大限制了外务省的权限，东乡外相曾辞职以示反对。

大东亚省的设置意味着被占领区实际上成为日本的行政区，日本与被占领国不再具有普通的外交关系，"大东亚地区之外交官和领事，乃是

披着外交、领事外衣的一般行政官员"。

所以，大东亚省的设置是日本法西斯为建立"大东亚共荣圈"而采取的殖民政治的重要步骤。

1943年2月，日军在瓜达尔卡纳尔岛战败并被迫撤退，此后开始在太平洋战场转入战略守势，战争态势进一步恶化。为应付盟军的猛烈进攻，日军大本营和政府在5月31日的御前会议上通过了《大东亚政略指导大纲》。

其中，第一条规定："帝国为完成大东亚战争，集结以帝国为核心的大

日军炮兵（日本画）

东亚诸国家诸民族，进一步强化和整备战略态势，坚持战争的主动性，以适应世界形势。"

第二条规定："整备政略态势应以强化诸国诸民族对于帝国的战争合作，尤以中国问题的解决为基本着眼点。"

基于这种目的，日本于10月30日同汪伪政权签订了《日华同盟条约》，并承认缅甸和菲律宾作为"以大日本帝国为盟主的大东亚共荣圈的一环"的"独立"，其外交权和军队的编制与指挥权均由日本控制。

这种战略上的调整是日本为完成"大东亚战争"所做的极为有限的让步，意在拉拢各傀儡政权为建立"大东亚共荣圈"而卖力。

1943年11月5日至6日在东京议会大厅召开所谓"大东亚会议"，是"大东亚共荣圈"建立过程中的又一出重要的丑剧，其目的是使"大东亚各国领导人齐集东京，向国内外宣示坚决贯彻战争之决心及大东亚共荣圈之确立"。

"大东亚会议"表面上冠冕堂皇，实际上所有会务活动都由大东亚省在幕后精心安排。

东条英机在开幕词中竭力宣传正在建设中的"大东亚新秩序"，谴责英美两国以关心和平和正义为幌子，企图使自己对亚洲的殖民统治永久化。

会议最后通过《大东亚共同宣言》，除继续为其发动"大东亚战争"进行辩解外，提出了建设"大东亚共荣圈"的5条纲领。这些纲领只是罗列了"共存共荣""大东亚亲和""发扬大东亚文化"和"大东亚繁荣"等抽象空洞的口号而已，并无任何实质的内容。

"大东亚会议"企图把各被占领国家和地区紧紧捆绑在日本军国主义的战车上，但因日本的失败已见端倪，"大东亚共荣圈"内部矛盾重重，各成员国同日本之间也开始明争暗斗。

原定参加会议的泰国总理銮披汶，最后"拼着总理不干"也不参加会议，以致日本曾决定"以实力解决"泰国问题。这充分表明"大东亚共荣圈"内部的分裂。同时，由于中国和亚洲其他地区抗日斗争的蓬勃开展，盟

军发起反攻，可以说，"大东亚共荣圈"建立之日也正是它走向崩溃之时。

"大东亚共荣圈"的思想理论基础之一是"大亚细亚主义"。日本法西斯打着"亚洲是亚洲人的亚洲"和"共存共荣"的旗号，企图把它进行的侵略战争美化为民族解放战争。

1940年7月26日，日本政府制订的《基本国策纲要》声称："皇国的国是基于八纮一宇肇国之伟大精神，以导致世界和平之确立。"

1942年1月21日，东条英机在日本帝国议会作关于"大东亚建设的设想"的演说时，进一步指出："建设大东亚共荣圈之根本方针，实渊源于肇国之伟大精神，欲使大东亚各国家和民族各得其所，确立基于以帝国为核心之道义的共存共荣之秩序。"

1943年的《大东亚共同宣言》再次呼吁："大东亚各国相互提携，完成大东亚战争，使大东亚从美英的桎梏下解放出来。"

然而，在这些华丽辞藻的背后，日本外务省大讲东方的"家族规"，要求亚洲各民族必须以日本为"本家"或"宗家"，把自己当做"分家"。

可见，"八纮一宇"就是要实现日本对整个大东亚的领导，"大亚细亚主义"的本质无非是由日本军国主义取代欧美帝国主义。

"大东亚共荣圈"对日本军国主义来说，不仅具有政治、经济和军事侵略的含义，而且要在精神文化上进行奴役，即承认日本为亚洲文明和文化的领袖。

为此，日本法西斯分子特别强调他们在亚洲的文化使命，"大东亚战争"即是为弘扬日本文化精神而进行的"圣战"。在各占领区，日本都派出大批日本教师去讲授日本文化，逼迫占领区人民学日语，组织学者编写美化日本的大东亚史等。

日本竭力宣扬亚洲精神文化是最丰饶的文化，日本文化又是亚洲文化中最崇高的文化，是最能体现东方道德、宗教及家族主义的文化，企图从思想意识上消除人们对日本的反抗，以维护其殖民统治。

综上所述，"大东亚共荣圈"只是日本军国主义企图建立"大日本殖民

帝国"的一块招牌。

日本对"大东亚共荣圈"内被占领国家和地区的统治基本上采取两种方式：直接统治和间接统治。

直接统治区大多是战略要地和交通枢纽，包括中国香港、新加坡、婆罗洲、新几内亚、中国台湾、朝鲜等。日本在这些区域公开实行法西斯残暴统治。

间接统治就是依靠扶植傀儡或维持原有政权机构来达到统治目的。傀儡政权包括以溥仪为首的伪"满洲国"、以汪精卫为首的伪"中华民国"、1943年8月1日成立的缅甸巴莫政府、1943年11月成立的菲律宾洛雷尔政府。

日本在占领区强行发放的"良民证"

在泰国保留了原来的銮披汶政府，在印度支那没有取消原有的法国殖民机构，但日本在那里享有许多特权，原有的法国殖民机构实际上与傀儡政府没有多大区别，完全听命于日本的旨意。它们都是日本的统治工具而已。

日本依靠暴力建立"大东亚共荣圈"，也依靠暴力对其进行统治。它强化统治机构，成立各种法西斯组织，凭借武力大肆镇压抗日群众，滥杀无辜，对占领区人民实行法西斯的恐怖专政和殖民统治，给他们带来无穷的灾难。

在朝鲜，日本于1937年设立"朝鲜中央情报委员会"，加强对朝鲜人民的监督和控制，同时还残暴地镇压朝鲜的游击队。

1940年10月，日本成立"朝鲜国民总体力量同盟"，由日本驻朝鲜总督兼任总裁，在各地建立与各级行政机关平行的基层组织，最小单位是由几户家庭组成的"爱国班"，每个家庭都有"爱国班员代表"，家庭的每个成员都是"爱国班员"。通过这一法西斯组织，日本进一步加强对朝鲜人民的控制。

日本妄图将其变成扩大侵略战争的后方基地。1932年，在中国东北实行"保甲连坐法"，加强户口调查和报告制度，发放"居住证""身份证"，把东北人民置于法西斯的恐怖统治之下。

为"扫荡"和镇压抗日武装，日军建立了各级"清乡委员会"，疯狂"讨伐"东北抗日联军。他们把群众赶出村庄，集中编成"集团部落"，以切断抗日武装同人民群众之间的联系。

至1938年，日本强行在东北建立"集团部落"时，大批破坏烧毁民房，迫害、屠杀群众。

1941年4月，日本改组了东北的法西斯组织"满洲帝国协和会"，把它同各级行政机构合为一体，加强对东北人民的恐怖统治。

日本还在中国东北建立代号为"731"部队的细菌研究所，用中国军民以及朝鲜、美国和荷兰等国的反法西斯战士做细菌实验。

在华北，日本从1938年年底开始推行所谓"治安肃正运动"和"治安强

161

化运动"。

为加强对华北地区的法西斯统治，日本还在华北建立法西斯组织"新民学会"，它的各级组织均由伪官吏把持。

在华中推行"清乡运动"，日军对中国共产党领导的八路军、新四军实施疯狂"扫荡"，对抗日根据地实行惨绝人寰的"杀光、烧光、抢光"的"三光"政策。

在东南亚，日本把自己打扮成"亚洲人的解放者"，标榜战争的目的是"赶走西方殖民者"，追求大东亚的"共存共荣"。然而，事实上日本在这里同样实行残暴的殖民统治。

在缅甸，1942年8月1日，巴莫在日本扶持下建立傀儡政权——"行政委员会"，一切群众性的民主组织均被取缔，民众稍有不满即受严刑拷打，甚至处死。除此之外，日本还建立了间谍和告密系统。

1943年8月1日，缅甸宣布"独立"，日本顾问操纵一切，成为"太上皇"。他们驾驭于政府各部门之上，没有他们的同意和参与，任何微小的政策和措施都通不过。

在马来西亚，日本依靠当地封建势力与统治机构的合作去镇压农民、洗劫城市。日军大肆屠杀抗日民众和无辜人士，还大肆屠杀当地华人。

新加坡还被改名为"昭南市"，作为日本统治东南亚的政治、军事中心。

摧残民族文化、推行奴化教育，是日本在"大东亚共荣圈"内进行殖民统治的另一项重要内容。它是日本实行殖民统治最毒辣的手段，是力图从根本上、从长远的目标上巩固其对亚洲各国人民的统治。

日军侵占中国东北后，曾下令所有学校一律停办，收缴焚烧一切具有爱国思想及有关中国历史、地理的教科书。

在日本控制下，1940年"伪满洲国皇帝"溥仪在《国本奠定诏书》中宣布其教育方针为："我国之教育本旨，奉使国本奠定诏书之趣旨，彻底于诏书所谕示之惟神之道，涵养振作忠孝仁爱，协和奉会之精神，训育忠良臣

民，更炼成之。"一句话，就是要培养日本的顺民。汪伪"国民政府"的教育也是灌输反共媚日的内容，宣传"中日满亲善"等欺人之谈。

在缅甸，日本禁止使用英语，大办日语学校。日本在缅甸还先后成立了"缅甸振兴佛教联盟""缅甸僧侣大会"等组织，开展以强化"日缅亲善"为主要内容的活动，利用佛教僧侣来巩固日本的殖民统治。此外，日本还组织了"睦邻协会""作家联合会"等形形色色的亲日文化组织。

日本军国主义在"大东亚共荣圈"内除实行法西斯恐怖统治外，还在占领区进行疯狂的经济掠夺。

1941年11月，日本藏相贺屋兴宣承认："在相当长时间内，将无暇顾及当地居民生活，暂时将不得不执行所谓榨取之方针。"

用武力征用劳动力，是日本在"大东亚共荣圈"内进行经济掠夺的又一项重要内容。

战争期间，日本将大批朝鲜和中国台湾的青壮年劳力送到日本从事最繁重、最危险的劳动，把大批妇女送到前线，充当"慰安妇"。

日本还从中国东北和关内强征劳工，当做奴隶使用。中国劳工劳动时间长，劳动条件恶劣，没有任何人身自由，生活困苦不堪。从事军事工程劳动的劳工，一旦工程结束，为了保密起见全部被杀。

日本在东南亚普遍建立"劳动营"，强迫南方各国人民去修建道路和军事战略工程，许多劳工死于劳累和饥饿。

总之，日本法西斯的残暴统治和疯狂掠夺，给被占领区人民带来了深重的民族灾难。"共荣圈"内，工人失业，经济衰败，疾瘟流行，民不聊生。"共荣圈"实际上是被占领国家和地区的"共穷圈"和"共亡圈"。

英美两国
军事联盟的形成

欧战爆发后，罗斯福总统宣布美国保持中立。

1939年9月5日，他签署了《中立宣言》，宣布禁止向交战国输出军火和军用物资。实际上，罗斯福政府既不相信美国能置身于战争之外，也不愿真正恪守中立立场。

美国决策者们认识到，美洲已不是一片世外桃源，其他大陆的冲突或战争必定会波及美国，特别是大西洋如被敌对国家控制，对美国有百害而无一利。

面对德意日法西斯国家从东西两面步步进逼，美国随时有两洋作战的危险。一旦陷入两线作战，美国的海军力量将无法单独承担西半球的防务，只有英法两国才能为美国提供有效支援。

因此，美国决策阶层有一个共识，即美国和西半球的安全有赖于英法的存在，援助英法符合美国的利益。

事实上，罗斯福在9月3日的讲话中也说得很清楚：

只要有什么地方的和平遭到破坏，全世界所有国家的和平都受到威胁。空中传来的每一句话，大洋中航行的每艘船，互相争夺的每一个战役，都会影响到美国的未来。

我不能要求每个美国人都在思想上也保持中立。即使是中立者，也有考虑事实的权力。即使是中立者，也不应要求他闭目塞听和瞒昧天良。

于是，罗斯福政府在加强美国自身战争准备与防务的同时，积极争取修改或取消1935年出台几经修订的《中立法》。

当德军进攻势如破竹，波军不断溃败之时，美国舆论普遍认为，希特勒的下一个目标是法国和英国，但若没有美国的援助，法英将面临灭顶之灾，它们一旦战败，美国的安全就会受到直接威胁。

因而，国会对《中立法》的态度发生了变化，赞成以"现购自运"为原则的议员不断增加。但是，这并不表明修改《中立法》已水到渠成，事实上修改《中立法》的阻力仍很大。

美国舆论虽然普遍同情英法，大多数人赞成援助英法，但他们坚决反对任何可能使美国卷入战争的援助。

孤立主义者掀起一场全国性广播宣传运动。参议员博拉指责废除《中立法》就是干涉；参议员范登堡则说，美国不可能成为一方的兵工厂而不成为另一方的攻击目标。孤立主义集团领袖决定在国会辩论中坚持"投票赞成废除中立就是投票赞成战争"的立场。

为对付孤立主义者的挑战，打消公众的怀疑和忧虑，罗斯福把两党精诚合作和使国家避免战争作为争取修改《中立法》的基调。

国会开会前一天，罗斯福邀请两党领袖以及1936年共和党总统和副总统候选人兰登和诺克斯参加白宫的一次会议，呼吁两党在紧急关头精诚合作，一致行动，取消《中立法》。与会者同意取消禁运，实行"现购自运"，并不向交战国提供贷款。

1939年9月21日，美国国会召开有关《中立法》问题的特别会议，罗斯福在发表演说时强调："《中立法》的禁运条款对于美国的中立与安全，尤其是美国的和平有致命的威胁。废除禁运，美国或许比保持现行法律更能保持和平，现购自运是提供安全的积极做法。"

几天后，参议院外交委员会主席皮特曼提出一项修正的《中立法》，规定取消禁运，实行现购自运原则，禁止美国船只和美国公民进入总统指定的交战区，禁止向交战国提供贷款。

国会经过近一个月的辩论，拥护修改《中立法》的一派战胜了反对派。11月4日，罗斯福总统签署这一法案，并发布使法案规定生效的必要公告修正的《中立法》取消了向交战国输出军火的禁令，为美国援助英法开辟了道路。

为使援助顺利有效地进行，《中立法》修改后第三天便成立了由阿瑟·珀维斯领导的英国采购委员会。此后，法国也成立了由让·布洛赫·莱内领导的采购代表团。

12月6日，罗斯福下令成立由陆军部、海军部和财政部采购司的代表组成的联络委员会，由财政部长摩根索领导，帮助执行外国的采购计划。

在《中立法》修改前，为英法制造飞机和武器的美国厂商已根据对方原先的订货单进行生产。《中立法》修改后，便马上恢复交货，援助物资不断运往英国。

1939年12月，美国还向英国派出第一批专家，协助其装配购买的飞机。

由于美国的工业生产能力还未调整到大规模生产的程度，以及在"奇怪的战争"期间英法错误地认为战争会拖延3年之久，它们有充裕的时间加强自身的武装力量，对美国的订货要求并不紧迫，因而在法国沦陷前，美国对英法援助的规模较小。

德军攻占丹麦和挪威后，取得了从海上进攻英国的前哨阵地，英国面临入侵的严重威胁。

温斯顿·丘吉尔出任首相后，英国在对德国采取海上封锁、空中轰炸等战略的同时，把赢得战争的希望主要寄托在美国身上，因而把争取美援和促使美国参战作为重要的战略目标。

1940年5月25日，英国参谋长委员会在一份形势评估报告中断定，英国未来的希望在于，"英国能够依赖美国在经济和财政上的全力支援，可能还要发展到美国参加到我方作战"。

为此，丘吉尔不断向美国陈述英国的困境及英国战败对美国的灾难性影响，以寻求美国的援助。他上台后第五天便致电罗斯福说：

　　我相信你会认识到，如果美国的意见和力量压抑得过久，也许将会毫无作用。一个完全被征服的纳粹化的欧洲很快就会出现在你眼前，这种压力也许是我们承受不了的。

　　我现在所要求的是，你宣布美国处于非交战状态，这即是说，美国除了不实际派遣武装部队参战外，将尽一切力量支援我们。

　　丘吉尔要求的援助包括：提供四五十艘驱逐舰、数百架新式飞机、防空设备与弹药、战略原料，派遣舰队访问爱尔兰港口，利用新加坡基地，以遏制德国和日本。

　　1940年6月4日，丘吉尔发表演说，明确重申英国将战斗到底，并首次向美国发出求救呼吁。

　　德军在欧洲的一个接一个的胜利，特别是对马奇诺防线的突破，使罗斯福及其三军参谋长认识到："联合王国和任何残存的法国政权的生死存亡，取决于美国能为它们生产和输送多少军需物资了。"

　　因此，罗斯福积极呼吁加强对英援助。但是，美国当时军事工业生产能力有限，飞机、枪炮和军火供应不足，无法大规模扩大对英法的援助。

　　此外，在援助英国问题上仍有不少反对者或怀疑者。孤立主义仍在叫喊欧洲战事与美国无关；战争悲观论者慑于纳粹德国闪击战的空前威力，认为英法已无法挽救，若把武器送到英法，还不如留着保卫美国。

　　在国内还未从物质和心理上做好参战准备的情况下，罗斯福拒绝考虑丘吉尔关于宣布非交战状态的建议，并以政治上不合时宜和有碍美国"国防需要"为由，拒绝援助驱逐舰，但他保证，美国将尽力提供最新式飞机和其他军用物资。

　　罗斯福履行了自己的诺言，他绕过《中立法》的羁绊和国内舆论的关注，通过私人厂商把美国军火库中的武器几乎全部卖给了英国。这些物资虽

数量有限，质量不高，但对几近弹尽粮绝的英国来说，却是雪中送炭，鼓舞了英国军民的斗志。

意大利的参战使本来深陷困境的英法雪上加霜。为坚定英法的抗战决心，罗斯福于1940年6月10日向全世界宣布：

> 美国将举国一致奉行两项明确的、同时并举的方针：我们将向抵抗暴力者提供我国的物质资源；同时，我们将统制和加速利用这些资源，使我们自己在美洲得到装备和训练以应付任何紧急事变和一切防务需要。

这表明，美国决心向抵抗轴心国家侵略的国家提供力所能及的援助，并愿意作为它们的一个非交战国盟友。

丘吉尔对罗斯福的讲话感到高兴，致函罗斯福说：

> 对我们来说，最重要不过的，就是要把你们为我们重新装备的三四十艘旧驱逐舰拿到手。

然而，法国败降后，美国对英法获胜的希望一落千丈，要求援助英法的人数大减。

至6月末，仅有1／3的公众认为英国将取胜，赞成扩大援助的人数在3周内减少了10％，甚至连美国军方决策者也认为，向英国提供援助"将严重削弱我们目前的国防力量"。国会走得更远，于6月28日决定禁止出售美国陆海军物资，除非武装部队首脑宣布这些物资对美国防务不重要。

法国的败降使英国面临直接入侵的威胁，丘吉尔迫切希望美国给予实质性的援助。7月31日，他对罗斯福说：

> 我们不能长期经受目前这样的损失，如果我们得不到强有力

的增援，则战争便将由于这个次要的而且容易弥补的因素而遭到
失败。

他坚决要求美国立即向英国转让五六十艘旧驱逐舰，而不是以前所说的
三四十艘。

丘吉尔之所以多次强烈要求美国提供旧驱逐舰，是因为，一方面英国舰
队在挪威海战和敦刻尔克之战中损失惨重，而英国在欧战爆发时制订的造舰
计划要到1941年才能完成；另一方面为防止德国入侵，英国领海需要大量轻
型海上飞机，这也削弱了英国在大西洋为其舰队护航的能力。

罗斯福认识到，"联合王国作为一个基地，皇家海军作为一支武装力
量，对保卫西半球的重要性"，他决定"用他所能调动的一切力量，从物质

丘吉尔、麦克阿瑟和戴高乐（从左至右）（蜡像）

和精神上支持英国那似乎没有希望的事业"。

1940年8月初，美国通过英国驻美大使亨克洛西恩向英国提出：美国同意用50艘旧驱逐舰交换英国在西印度群岛和百慕大的海空军基地；为防止德军俘虏美国提供的驱逐舰，并利用这些舰只来进攻美国，美国要英国保证，一旦英国战败，其舰队不得投降或自行凿沉，而应转移海外继续作战。

8月13日，罗斯福又致函丘吉尔，直接提出上述交换条件。

美国提出以基地交换驱逐舰，虽然令英国大为不满，但仍对英国有利，"它标志着美国已从中立国转为非交战国"。因此，英国只好做出让步。

8月15日，丘吉尔致函罗斯福，表示同意他提出的条件。于是，英美达成折中方案：英国发表一则表明英国舰队决不投降或自行凿沉的电报；把纽芬兰和百慕大的一些基地租借给美国，而用加勒比海的基地交换驱逐舰。

9月2日，美国国务卿赫尔和英国驻美大使亨克洛西恩互换照会，正式达成协议：美国向英国提供50艘旧驱逐舰，同时取得对纽芬兰、百慕大、巴哈马群岛、牙买加、安提瓜、圣卢西亚、特立尼达、英属圭亚那等地8个海空军基地的租借权，为期99年。

此交易是美国摆脱中立走向美英结盟迈出的关键性一步。

丘吉尔在评价这笔交易时说：

　　毫无疑问，这一发展进程意味着，两个讲英语的伟大民主国家——英帝国和美国，为了相互的共同利益，必将在某些事务中结合起来。

在总统竞选期间，罗斯福比较谨慎地处理援助英国的问题，他向国人保证，"在不同本国防务相矛盾的情况下，给予他们所能动用的一切物资援助"。

事实上，罗斯福总是以对美国防务有利为由，尽量满足英国的要求。在竞选的最后几天，英国要求美国卖给他们10个师的装备，把交付的飞机由

14000架增加到26000架。

罗斯福马上表示同意，他宣称，接受这批订货不仅可以刺激美国经济发展，还可以增强美国军工生产的设备能力，而这种设备能力"将在紧急时刻为美国的需要服务"。

选举结束后，罗斯福更加明确地表示，要用参战以外的一切方法援助英国。重新当选后的第三天，罗斯福便公开宣布，将把新生产的军需品分给英国一半。

为避免因英国船舶损失过多妨碍物资运送，罗斯福还建议由美国制造货船租给英国。

根据"现购自运"的原则，英国在源源不断从美国获取所需物资的同时，也陷入财政危机。

早在1940年7月，英国财政部官员就向美国提供了英国财政困难的具体数据。至11月底，英国现金储备几乎耗费殆尽，迫切要求美国提供财政援助。

12月8日，丘吉尔给罗斯福写了一封长信，历数英国所处的困境，要求美国提供运输和财政方面的援助。他说：

> 那些已经提交或正在磋商中的订单，已经超过大不列颠手中残存的全部外汇储备若干倍。我们不能再以现金支付船舶和供应品的时候即将到来，我们深信，你们是一定能够找到将来为大西洋两岸的子孙后代赞扬的途径和方法的。

这样，美国面临着二者必居其一的选择：要么撤销对英援助，使自己在战略上面临更严重的困境，最终因被迫参战而耗费更多的资财；要么继续向英国提供援助，而不管英国是否有现金支付能力。

美国决策者们从未动摇过援助英国的决心，从1940年夏开始，美国财政部一直在寻求解决的办法。

罗斯福收到丘吉尔的长信后，与其顾问进行过多次磋商，并在1940年12

月17日的记者招待会上对租借法的原则做了一般性说明。他说：

> 保卫美国最直接的办法就是英国成功地保卫它自己；在人类历史上还没有一次重要战争是因缺钱而被打败。
>
> 美国可以接受英国的订货，并达成某种协议，使英国人在有利于美国防务的基础上使用他们所需要的东西，并达成谅解。
>
> 战后我们照样拿回这些东西，而代之以归还实物的君子协定。

罗斯福把这种做法比作把花园里的水龙头借给邻居去灭火。12月29日，罗斯福在炉边谈话中首次公开谴责纳粹德国，抨击国内姑息主义者，声称要尽一切可能援助英国，美国"必须成为民主国家的伟大兵工厂"。

在罗斯福的授意下，租借法案先由财政部起草，后经陆军部长、海军部长、司法部长、国务卿和国会领袖讨论修改，最后定稿。

1941年1月6日，罗斯福在提交国会的年度咨文中，重申了租借法案的原则。

1月10日，租借法案被提交国会审议。

2月8日，众议院分别通过租借法案。

这一法案的正式名称是《增强美国防御法案》，3月11日经罗斯福签署正式生效。该法案规定：

> 当总统认为对美国防务有利时，他可以在他所取得生产所需资金范围内，批准为任何国家的政府生产和采购任何防御物资；授权总统向他认为其防务对美国国防至关重要的任何国家出售、转让、交换、租借或其他方法处理任何国防物资。

3月27日，国会又通过70亿美元的租借拨款计划。

第二次世界大战的展开

根据这一法案，美国在战争中向盟国提供了大量战争物资，1941年3月其主要对象是英国，4月扩及中国，9月扩及苏联。自1941年3月至1945年战争结束时，共有38个国家接受了此案所提供的价值近500亿美元的援助。

租借法案的通过，标志着美国由非交战国向交战国迈出决定性的一步，为英美联盟的建立奠定了经济基础。丘吉尔对租借法案作了高度评价，称它是第二次世界大战的"第三个转折点"。

在努力扩大对英援助的同时，美国还积极调整其军事战略，协调两国的军事合作。

1937年12月，美国海军作战计划处主任英格索尔上校访问伦敦，与英国海军作战计划处主任菲利普斯进行秘密会谈。双方讨论了两国海军的造舰计划和在远东的军事合作问题，达成一旦与日本发生战争两国海军联合行动的非正式协议。

英方还提出，一旦英国与德国交战，希望美国太平洋舰队保护英国在远东的利益。1938年和1939年上半年，英美海军多次进行秘密接触，进一步交换情报，协商联合作战问题。法国败降后，英美军事合作不断加强。

1940年8月，美国派戈姆利海军上将率代表团访英。代表团名义上是为了收集情报，实际上与英方就英国的生存能力、美国对英国援助的方式、美国一旦参战两国军事合作的可能性和行动区域的划分，以及两国的情报交换等问题进行了广泛的讨论。

根据这次会谈的情况，美国海军作战部长斯塔克上将向罗斯福总统提交了一份备忘录，即"猎犬计划"。

斯塔克指出，美国的安全在很大程度上依赖于英国的生存，"如果英国对德决定性胜利，我们就能在全球各地取得胜利；如果英国战败，我们将面临严峻的形势，尽管我们不至于到处失败，但很可能到处都不能取胜。"

因此，他主张在参战前美国应加速建立西半球的防务，加强美国海军和陆军力量，同时大力援助英国；一旦参战，美国应在大西洋采取攻势行动，而在太平洋则采取守势。

173

斯塔克的主张与陆军参谋长马歇尔上将的观点不谋而合，也得到罗斯福的默许，成为美国与英国会谈的基本立场。接着，斯塔克电告在伦敦的戈姆利海军上将，邀请英国三军参谋长派代表到华盛顿参加参谋工作会议。

12月15日，英国三军参谋人员讨论了英国应当采取的立场，并达成几点共识：欧洲战区是至关重要地区，首先应集中力量打败德国和意大利，然后对付日本，美国应派海军援助欧洲战场；英国要集中兵力在欧洲战场，英国在远东的利益主要由美国来保护。

1941年1月29日至3月27日，英美参谋人员在华盛顿举行秘密会谈。在长达两个月的会谈中，双方在远东和太平洋问题上分歧较大，争论最激烈。

英方认为，远东对英国至关重要，但英国本身无力保卫其远东领土的安全，希望美国派一支增援部队到新加坡。对英国这种既自私又有违反"欧洲第一"战略原则的要求，美国严词拒绝了。

最后双方只好各自保留意见。在欧洲和大西洋问题上，双方很快便取得一致意见。

会议最后通过了参谋工作会议的报告，其主要内容包括：

一是确立"先欧后亚"战略。鉴于德国是轴心国中的首要成员国，因而大西洋和欧洲地区是决定性战场。美国军队的主要力量将放在该战场，其他战场上美军的作战行动应有利于该战场的行动。

如果日本参战，在远东的军事战略将是防御性的。美国无意加强它在远东的现有军事力量，但是将以最适当的方式使美国太平洋舰队处于进攻状态，以削弱日本的经济力量，并牵制日本用于马来西亚的力量以支援马来要塞的防御。

美国准备增加它在大西洋和地中海地区的部队，以使英联邦得以抽出必要的部队来增援远东。

二是规定了对付轴心国的"主要进攻政策"：以封锁手段对

轴心国施加经济压力；持续不断地对德国进行空袭；早日消灭意大利；陆海空军联合对轴心国进行袭击，并展开小规模的进攻；支持中立国、盟国及轴心国占领区人民的反抗斗争等。

三是规定了英国地面部队对轴心国的进攻任务和美国当时在大西洋和太平洋的任务。此外，还规定了各自的作战区域、组织指挥，并决定互派军事代表团，以交换情报，不断制订行动计划。

该计划于5月28日获得美国海军部长的同意，6月2日获得美国陆军部长的同意。罗斯福虽未正式批准，但实际上已经默许。该计划的通过，标志着英美双方"先欧后亚"共同战略的初步确立，这一战略成为以后指导英美两国进行全球联合作战的基本战略。

总之，租借法案的通过和英美共同战略即"先欧后亚"战略的确立，标志着英美两国已联结成日益紧密的伙伴。从此，美国实际上在进行一场"不宣而战"的战争了。

国际反法西斯
联盟的形成

欧战爆发前，尽管在一定程度上存在建立反法西斯集体安全体系的基础和条件，却因种种原因未能建立。

随着第二次世界大战规模的不断扩大，遭受法西斯国家侵略和威胁的各国终于认识到法西斯是它们共同的敌人，于是，它们从战胜法西斯的共同目的出发，超越社会制度和意识形态的不同，逐渐走向联合，建立起国际反法西斯联盟。

租借法案签订后，美国与英国已事实上结成反法西斯同盟。虽然美国尚未直接参战，但是，通过大量包括军事装备在内的物资援助，无疑给在西欧与法西斯德国浴血奋战的英国以巨大鼓舞。

1941年6月22日，苏德战争爆发。

这个重大事件为美英等国家与社会主义苏联结成盟友提供了可能，因为没有任何力量比面临共同的敌人更能使两个不同类型的社会联合起来。

英国首相丘吉尔听到苏德战争爆发的消息后，有一种"如释重负之感"，因为他认为，苏联参战后"我们再也不孤单了"。

此时，德意法西斯不仅占领了欧洲和北非广大地区，而且企图在击败苏联后回师英国；日军侵占中国大片领土和进驻法属印度支那后，积极准备南进以建立"大东亚共荣圈"。

英国意识到，它在亚、非与地中海的广大殖民地和自治领，甚至其本土都受到轴心国的致命威胁。为了对付主要敌人，它急需摆脱孤军奋战的局面，争取与同其唇齿相依的美苏等国相互支援与配合。

第二次世界大战的展开

丘吉尔在苏德战争爆发当晚发表广播演说，指出：

> 希特勒派兵入侵俄国，只不过是企图入侵不列颠群岛的前奏。毫无疑问，他希望这一行动可以在冬季到来之前结束，可以在美国的海空军进行干涉以前击败英国。因此，苏联面临的危险就是我们和美国面临的危险。

他宣布英国将给苏联以"我们力所能及的、对苏联有益的一切经济和技术援助"。

苏德战争前，美苏关系在一定程度上已有所改善，双方在经贸领域的交往增多，1941年1月22日，美国宣布取消对苏联的"道义禁运"。但是，由于社会制度和意识形态的隔阂，双方在一些原则问题上仍未取得谅解。

后来，国际形势的发展使美国日益清楚地认识到，德意法西斯一旦夺取欧洲、非洲和中近东，将对美国海外利益构成极大威胁。日本扩大对中国和法属印度支那的侵略并企图南进，既是对美国的势力范围、销售市场和原料产地的严重挑战，也可能导致太平洋战争。

苏德战争爆发后，美国担心苏联过早崩溃会使美英的处境更加不利。因而，它将苏德战场视为美英的第一道重要防线，并从维护本国利益的立场出发，迅速表示支持苏联抗击德国的侵略。

1941年6月23日，副国务卿韦尔斯代表美国政府发表声明说："美国政府认为，任何反希特勒主义的斗争，任何反希特勒主义的力量的团结，不论其来历如何，都会加速当今德国统治者必然败亡的进程，从而促进我国的国防和安全。今天，希特勒军队是美洲大陆的主要危险。"

6月24日，罗斯福总统举行记者招待会，他在会上宣布，美国准备向苏联提供援助，撤销对原立陶宛、拉脱维亚和爱沙尼亚的价值3900万美元的苏联资产的冻结。

面对德国背信弃义的侵略，苏联也放弃原有立场，采取新的外交方针，

177

希望与欧美国家结成反法西斯同盟。

7月3日，斯大林在《告苏联人民书》中声明，伟大卫国战争的目的不仅是要保卫苏维埃国家的自由和独立，而且要援助那些沦为法西斯侵略者牺牲品的其他各国人民。他还强调指出：

> 我们为争取自己祖国的自由而进行的战争，定会与欧美各国人民争取独立和民主自由的斗争汇合在一起。这将是所有维护自由、反对希特勒法西斯军队奴役和奴役威胁的各国人民的统一战线。

这样，苏美英三国为了反对共同的敌人，开始向结盟道路迈进。

由于英国所受的威胁远远大于美国，因此英国联苏的步子要早于和大于美国。英苏协定就是两国在反法西斯同盟的道路上迈出的重要一步。

1941年7月初，英国驻苏大使克里普斯先后与斯大林和苏联外交人民委员莫洛托夫进行会谈，商讨两国协定的基本条款。

丘吉尔获知协定草案后致函斯大林，向其表示：

> 我们完全赞成你所提出的关于英苏协议宣言的建议。

7月12日，苏联外交部长莫洛托夫和英国驻莫斯科大使克里普斯各自全权代表本国政府在莫斯科签署了《英苏关于对德国联合作战的协定》。该协定包括两项条款：

> 两国政府保证，在对希特勒德国作战期间，互相给予一切援助和支持；
> 互相保证，在这次战争中，除非经过双方同意，任何一方既不能谈判也不能签订停战协定或和约。两国政府取得谅解，日后

还得用更明细的政治和军事协定来补充本协定。同时，两国开始研究开辟欧洲第二战场问题。

英苏协定表明，英苏两国在反法西斯战争中，承担了彼此支援和战斗到底的义务。这一协定的签订，是英苏建立盟友关系的标志，为日后国际反法西斯联盟的形成奠定了基础。

与英国相比，美国因受尚未直接参战的制约，联苏的步子迈得较小。虽然罗斯福奉行援苏"慢慢来"的政策，但为掌握有关苏联实际情况的第一手材料和苏联在军事援助方面的具体要求，特派他最信任的助手、负责租借援助事务的哈里·霍普金斯出使莫斯科。

接到总统指令后，正在英国访问的霍普金斯立即从苏格兰抵达莫斯科。

霍普金斯很快受到斯大林的接见。他向斯大林转达了罗斯福总统关于美国"愿意在苏联对德作战中给予援助"的愿望。

斯大林也坦率地向他介绍了苏联的危急情况和苏军的迫切需要，并允许霍普金斯到前线考察。通过考察，霍普金斯亲眼看到苏联强大的军事潜力，掌握了苏军在许多地方实施反突击的详情。

同时，苏联军民坚定的必胜信念和英勇斗争给他留下了深刻印象。他由此得出结论：苏联不仅能经受住德军的攻击，而且能给德军以沉重的回击。

因此，他向斯大林建议，迅速召开美苏英三国会议，讨论决定援助苏联的数量。随后，他分别向罗斯福和丘吉尔详细汇报了莫斯科之行，强调援助苏联对击败德国的重要性。

霍普金斯这次访苏是战时美苏关系的转折点。罗斯福听取他的汇报后，最后确定了采取实际措施援助苏联抗击德国法西斯的方针，坚定了美国参加国际反法西斯联盟的决心和信心。

1941年8月2日，美国通知苏联，决定给予一切可能的经济援助，并将美苏贸易条约规定的有效期延长一年。10天后，美国向苏联派出第一支船队。

在这一过程中，美英两国愈发感到有必要修正过去的外交方针，进一

步加强两国间在各种国际问题特别是在对苏联关系上的战略合作。经双方商定，最后决定在8月举行美英两国首脑会议，研讨战略合作问题。

1941年8月9日，丘吉尔率英国海军上将庞德，在霍普金斯的陪同下，乘坐英国皇家海军"威尔士亲王号"战列舰，抵达纽芬兰的普拉森舍湾的阿金夏港，受到早一天乘"奥古斯塔号"巡洋舰到达该港的罗斯福总统等一大批军政官员的欢迎。

为保密起见，8月初，罗斯福就离开华盛顿去进行一次重要的"钓鱼旅行"，在新英格兰沿海的"波托马克号"游艇上当众垂钓，然后，从那里秘密地驶往纽芬兰。

阿金夏会谈为期4天，这是第二次世界大战期间罗斯福与丘吉尔的许多会

丘吉尔、罗斯福和斯大林（从左至右）（雕塑）

面中的第一次。

8月9日晚，罗斯福在"奥古斯塔号"巡洋舰上举行盛大晚宴，欢迎英国朋友。晚餐中，罗斯福与丘吉尔谈话的主题是：日益增长的日本侵略威胁，拟议联合宣言。

次日清晨，罗斯福登上"威尔士亲王号"战列舰，两国首脑及军政顾问开始正式会谈。英国要求美国舰队驶入地中海，并希望美国海军扩大为英国船只护航的范围，其中包括德国潜艇大批出没的北大西洋。

但是，美国领导人不愿过早直接卷入战争，他们反复强调："他们的职责在于防卫西半球，因而不愿讨论超过亚速尔、加那利和佛德角群岛、达喀尔、法属摩洛哥和西属摩洛哥以外的任何事情。"

美国只答应为英国海上船只护航至冰岛。这是美国作出的唯一具体的军事承诺。

直至9月份，德国潜艇在冰岛附近海域袭击美军"格里尔号"驱逐舰时，罗斯福才公开宣布上述承诺。

在对日政策上，双方产生很大分歧。英国外交部常务次官卡多根提出："美国应明确警告最近占领法属印度支那南半部的日本，不许进一步侵略，如果日本进攻英国或荷兰的东南亚属地，美国应保证参战。"

因为摆脱美国国内孤立主义思潮的束缚需要时间与机会，因而罗斯福不同意英国的建议，只答应与日本继续谈判，希望英国利用日美谈判加强在远东的防务。

关于援苏问题，双方很快达成共识。罗斯福原则上同意丘吉尔提出的召开莫斯科会议，与苏联人一起商定军援的建议。

这次最高级会议最著名的成果是关于战争目标的声明——《大西洋宪章》。8月12日会议结束时由两国政府首脑签署，正式公布于8月14日。其内容如下：

美利坚合众国总统罗斯福和联合王国国王陛下政府代表首相

丘吉尔经过会晤，认为他们两国国策中某些共同原则应该予以宣布。他们对于世界所抱有的一个美好未来局面的希望是以此项政策为根据。

1.两国并不追求领土或其他方面的扩张。

2.凡未经有关民族自由意志所同意的领土改变，两国不愿其实现。

3.尊重各民族自由选择其所赖以生存的政府形式的权利。各民族中的主权和自治权有横遭剥夺者，两国欲设法予以恢复。

4.两国将努力促使所有国家有国际贸易和获得原料的同等机会。

5.两国希望加强世界范围的合作，以提高劳动标准，促进经济进步和社会安全。

6.纳粹暴政被最后毁灭后，两国希望可以重建和平，使各国能在其疆土以内安居乐业，并使全世界所有人类有自由生活，无所恐惧，也不虞匮乏的保证。

7.在上述环境中，公海上应能自由航行。

8.两国相信世界所有各国，无论为实际上或精神上的原因，必须放弃使用武力。国际间仍有国家继续使用陆海空军军备，在边境以外实施侵略威胁，或有此可能，则未来和平势难保持。

两国相信，在广泛而永久的普遍安全制度未建立之前，此等国家军备之解除，实属必要。同时，两国当赞助与鼓励其他一切实际可行的措施，以减轻爱好和平人民对于军备的沉重负担。

在商讨该文件的过程中，双方发生了争论，暴露了美英两国在一些国际问题上的分歧和矛盾。

在讨论第四条时，英国要求保护其歧视性的帝国特惠制，而美国则坚持塞进其长期鼓吹的"机会均等"原则。双方各不相让，几成僵局。

最后，霍普金斯认为，宪章的宣布与会议本身消息的发表应在同一时候。他担心旷日持久争论下去，无益于大局，遂劝说罗斯福与丘吉尔达成妥协。

在讨论第八条时，英国拟制的草案有这样的文字："两国所寻求的和平，不仅要永远推翻纳粹暴政，而且要通过有效的国际组织，使一切国家与民族获得安居乐业的手段。"

但是，罗斯福反对建立一个新的国际联盟大会。他既不愿激怒国内的孤立主义者，又不愿得罪狂热的国际主义者，因而删去丘吉尔提出的"有效的国际组织"一词，取而代之的是建立"广泛而永久的普遍安全制度"。

《大西洋宪章》是一篇反法西斯宣言，它体现出一种道义力量，符合世界反法西斯人民的意愿，几乎所有反法西斯国家都立即接受了它。

英国认为，"这八点中每一点都是对轴心国行为的挑战，是它们无法作出有效回答的挑战。"

在9月24日召开的伦敦15国同盟会议上，包括苏联在内的各国代表均表示忠于《大西洋宪章》提出的"共同原则"。因此，《大西洋宪章》不仅是美英两国政治联盟的标志，而且是国际反法西斯同盟的共同纲领，成为后来《联合国宪章》的基础。

但是，大西洋会议和《大西洋宪章》也反映出殖民主义的痕迹，暴露了美英两个资本主义国家的利益争夺。在会议期间，两国就未来世界利益划分问题进行了激烈争论。

罗斯福认为，英国应该把殖民地问题交出来讨论。

而丘吉尔却声称，"我当首相的目的，并不是为了主持大英帝国的葬礼。"

该宪章没有明确提出反法西斯斗争参加者以何种方式动员一切力量进行反法西斯斗争，也没有确定战后如何保障实现所列各项人民民主权利，没有具体说明殖民地和委任统治地战后的命运。

丘吉尔事后在英国下院曾说："在大西洋会议时，我们心中想的，主要

是恢复纳粹奴役下欧洲国家与民族的主权、自治与民族生活，再就是关于它们的疆界可能有必要作出任何变动的指导原则。"

由此可以看出，美英作为帝国主义国家，认识问题的出发点仍是以"欧洲为中心"，而把亚洲、非洲国家排除在它们的"原则"之外。

尽管如此，在当时的历史条件下，《大西洋宪章》仍对动员和鼓舞全世界人民结成反法西斯同盟，共同打败德意日法西斯，起到了巨大的推动作用。

大西洋会议的一个重要结果是，美英两国商定援助苏联抗击德国。两国领导人在听取曾赴莫斯科考察访问、并会见斯大林的霍普金斯汇报后，决定派使团前往莫斯科，把霍普金斯同斯大林进行的仓促会谈继续下去。

1941年8月15日，斯大林收到罗斯福和丘吉尔的联名电报，其主要内容是：

在哈里·霍普金斯先生从莫斯科回来后，我们曾利用研究他的报告的机会，一起商量了我们两国如何能对贵国对纳粹进攻所进行的辉煌保卫战给予最大帮助的问题。我们目前正在合作把你们最迫切需要的供应品最大限度地提供给你们。

现在我们必须转而考虑一个较长期的政策，因为在能够取得完全胜利以前，还得经历一段漫长和艰难的路程，如果不取得完全的胜利，那么我们的努力和牺牲都将是白费的。

为了使我们大家能就我们的共同资源分配问题迅速作出决定，我们建议，我们准备在莫斯科举行一次会议，我们将派遣一些可以直接和您讨论这些问题的高级代表出席。

我们充分认识到，苏联的英勇和坚决的抵抗对打败希特勒主义有着多么巨大的重要性，因此我们感到，在任何情况下，我们都必须在制订将来分配我们共同资源的计划这件事情上迅速立即行动起来。

斯大林欣然同意罗斯福和丘吉尔的建议，苏美英三国开始积极准备有关事宜。

8月28日，丘吉尔内阁决定派供应大臣比弗布鲁克为英国使团团长。美国拟让霍普金斯担任使团团长，后因健康方面的原因，改派哈里曼执行这一使命。因为英国援苏物资很大一部分将要从美国援英物资中划拨，丘吉尔指令比弗布鲁克："我想请你偕同哈里曼先生前往莫斯科，以便安排对俄国军队的长期供应问题。在可能的范围内，给予俄国人以最大的援助，即使要我们自己作出重大的牺牲，这也是我们的责任和为了我们的利益的事。你的任务不仅是协助制订援俄计划，而且要确保我们在这个过程中不致遭受过大的损耗。"

显然，英国政府在援苏问题上坚持3条原则：一是把美国援英的物资转给苏联；二是真诚合作，尽力而为；三是考虑自己的承受能力。

为向苏联提供有效的军事援助，罗斯福指示陆海军首脑：

> 我认为不仅在当前，而且在苏联继续对轴心国作有效斗争的全部时日里，为它提供一切合理的军火援助，对美国的安全和保障是极端重要的。我确信在拟议中的莫斯科会议上，必须大量地全面地对苏联承担这种性质的义务。

从而，他阐明了苏联对德作战与美国的国家安全利益的直接相关，由此出发，美国有义务援助苏联。

1941年9月15日，美国使团抵达伦敦。为协调双方的政策与目标，美英两国使团利用6天时间，"共同分析了可以提供给苏联的武器和原料的项目单，拟订了《胜利纲领》的生产指标，即制订一个在面临的长期战争中供应各条战线的固定的生产目标"。

9月22日，美英使团乘坐英国皇家海军"伦敦号"巡洋舰由斯卡帕湾启

程，经由北极圈内的北冰洋前往苏联的阿尔汉格尔斯克。

为保证安全，美英采取了许多欺骗措施：美军派出两架轰炸机，搭载使团的一般成员或随员直飞莫斯科，掩盖使团主要成员取道海上的真相；英军不派护卫舰护航，以减少德军飞机的注意等，这些措施收到了预期效果。9月23日，柏林电台就播发了美英两国使团已安全飞抵莫斯科的消息。

9月27日下午，"伦敦号"巡洋舰在白海的北德维纳河口抛锚，转乘一艘苏联驱逐舰到达阿尔汉格尔斯克，受到苏联外交人民委员莫洛托夫的热烈欢迎。当晚的宴会上，三方共同举杯预祝盟国的团结和法西斯的垮台。

次日，美英两国代表团成员分乘4架飞机，在苏联战斗机编队护航下，飞行5个小时，抵达莫斯科。他们一下飞机就立即被邀请到克里姆林宫，在那里受到斯大林、莫洛托夫、前外交人民委员李维诺夫的接见。

会见中，斯大林首先向哈里曼、比弗布鲁克介绍了苏联战场的局势。他说："德国优于我们的地方：在空军实力方面，为3与2之比，在坦克方面，为3或4与1之比；在作战师的数目方面，为320个对280个。"

他最后表示最迫切需要的是坦克，其次是反坦克炮、中型轰炸机、高射炮、战斗机和侦察机。关于坦克的具体数量，斯大林透露："他每月需要2500辆，在此数中，1400辆可以在苏联境内制造出来。但尽管他还需要1100辆坦克，他仍然只想每月从美国和英国取得500辆就满足了，免得被人指责'胃口太大'。"

在第一次会见中，斯大林还同美英使团就苏英两军在乌克兰协同作战、美军使用西伯利亚机场运送援苏物资等问题交换了意见。

9月29日上午，莫洛托夫、哈里曼、比弗布鲁克举行正式会谈，决定设立航空、陆军、海军、运输、原料和医药六个三方委员会，分别讨论相关的具体事宜。

当日晚，斯大林在克里姆林宫第二次会见美英使团团长。斯大林对美英提供的援苏物资数量表示不满，他问哈里曼："为什么像美国这样一个年产5000多万吨钢的国家，每月只能给我1000吨供坦克装甲用的钢板？"他甚至

责备道："你们的少得可怜的许诺清楚地表明是想看到苏联被德国打败！"

当美英要求苏联提出需要提供军用物资的正当理由或根据时，斯大林明确表示苏联政府"是不会提供这方面的情报的"。

几十年来因社会制度与意识形态的不同而产生的不信任与不理解，使会谈一度陷入僵局。然而，这个僵局又一次被美英苏的共同敌人德国打破了。

9月30日，德国宣传机构根据他们获取的情报向全世界发表如下新闻：莫斯科会议已陷入僵局并发生争吵，英国人和美国人永远不可能同这些"布尔什维克主义者"有共同的立场。

共同的敌人使美苏英三方回到严峻的现实，逐渐建立起信任与理解，缩小他们之间的分歧。

当日晚，斯大林在第三次会见美英使团时，提到了德国播发的上述消息，指出，"要由他们三个人来证明戈培尔是个撒谎者"。

第三次会谈的气氛比第二次融洽。双方就苏联提出的援苏物资清单逐一讨论研究。斯大林在听完哈里曼关于美英两国准备提供的军用物资的介绍后，表示非常满意，没有提出异议。

会谈行将结束时，斯大林建议将莫斯科会谈的结果写成书面协定，在美英使团离开前加以签署。哈里曼和比弗布鲁克显得有些为难，因为他们未被本国政府授权签署任何东西。

根据美英政府的立场，现行的援苏协议完全是非正式的，但斯大林坚持己见，美英使团团长同意次日与莫洛托夫一起处理这个问题。

美英使团对第三次会见斯大林的结果感到满意。

哈里曼说，"这次会见是以尽可能最好的方式结束的。斯大林并未掩饰其热情。我的印象是，他对大不列颠和美国的认真态度完全满意。我离开时感到他同我们一直是坦率的，倘若我们拿出我们所答应拿出的东西，倘若我们与斯大林的个人关系保持下去，那么苏联政府和我们两国政府之间所存在的猜疑就可以完全消除。"

比弗布鲁克也称赞斯大林是"一位和善的人"。

187

10月1日，哈里曼和比弗布鲁克与他们的使团成员会面，听取六个专门委员会的报告。然后，他们又前去拜会莫洛托夫，了解苏联政府要他们签署的那个协定的内容。

最后，他们提出美英两国可以向苏联提供其要求的武器和物资，但不能承担把这些武器和物资送交到苏联港口的义务；如果开辟欧洲第二战场，物资清单应重新制订。苏联方面表示同意他们的意见。

尔后，英美苏三国使团团长分别代表本国在《英国、美国、苏联三国代表会议议定书》上签字。这份文件详细列举了美英援助苏联的70类物资。

其中有：飞机、坦克、高射炮、反坦克炮、侦察车等武器装备；战地电话机、海底电缆等通信器材；铝、镍、铜等有色金属及其制品；坦克用装甲板等各种钢材；甲苯、乙烯醇等石化产品；机床、电炉等工业设备；橡胶、黄麻、皮革、羊毛、小麦等农畜产品。这70类物资每月按规定数量送交苏方。

这份议定书还有3个附件。

第一个附件是，1941年10月至1942年6月苏联海军需要美英援助的装备与物资清单，其中包括：军舰、舰炮、船用柴油机和发动机以及船用潜艇探索器。

第二个附件是，1941年10月至1942年6月苏联需要美英援助的医疗器械和药品清单，共83类。

第三个附件是，英国希望从苏联得到的供应品，其中包括：沥青、猪鬃、铬矿、步枪及步枪子弹、生丝或碎丝、木料等27类。

这次会议于10月1日结束，苏英美三方都对会议结果表示满意。当晚，斯大林在克里姆林宫举行盛大宴会，与美英使团全体成员共同庆贺会议取得圆满成功。

席间，斯大林对哈里曼说："战争必须由三国军队会师才能赢得胜利。"

10月3日，斯大林分别致函丘吉尔和罗斯福，对比弗布鲁克和哈里曼的工

作表示满意，感谢美英两国政府对苏联的援助。相信他们"将做出一切必要的努力来保证尽可能迅速和充分地实现莫斯科会议的决议"。

尽管苏联认为这个议定书还有不尽如人意之处，"协定规定的期限不长，这就使苏联指挥部难以拟定未来的作战计划"。但苏联官方仍然认为："莫斯科会议对动员各同盟国的资源用以击溃侵略集团，有着巨大意义"。

莫斯科会议是第二次世界大战前期的重要国际会议。

苏美英三国代表为实现战胜法西斯的共同目标，首次进行会晤。他们超越意识形态的分歧和社会制度的差异，捐弃前嫌，求同存异，最后达成协议，从而为建立广泛的国际反法西斯联盟奠定了基础。

根据三国签订的议定书，自1941年10月至1942年上半年，美英向苏联提供无息贷款，并输送包括4500辆坦克和3600架飞机在内的各类物资150万吨，总值约10亿美元，有力地支援了苏联的艰苦抗战；苏联坚持对德作战和提供大量原料，也为美英争取时间加强战备创造了有利条件。

1941年12月8日，日军突袭珍珠港，重创美国太平洋舰队，引起美国群情激愤，普遍要求政府集中力量打败日本。

在军界，要求加强对日作战呼声最高、影响最大的是远东美军司令道格拉斯·麦克阿瑟中将和海军作战部部长欧内斯特·金海军上将。

面对变化了的战争格局，温斯顿·丘吉尔又喜又忧。喜的是美国终于参战了，忧的是他"觉察到有一种重大的危险，即美国可能在太平洋进行对日本的战争，而让我们在欧洲、非洲和中东对德国和意大利作战"。

他决定再次与罗斯福会谈。12月9日，他致电罗斯福：

　　我们可能根据现实和新的事实去检查全部战争计划，以及生产与分配问题。我觉得这一切事项在最高一级的行政阶层上能够得到最好的解决。再次同你会晤，对我来说，也是一种非常大的快乐，并且愈早愈好。

189

次日，他又焦急地电告罗斯福：

> 我觉得面对着新的不利局势，如果再等待一个月才决定我们的共同行动，那会造成很大的损害。我曾希望于明天夜间启程，但将推迟航行，以待获知你所指定的会晤地点。我对于最后胜利，从来没有感到过有这么大的信心，然而只有协调一致的行动才能达到胜利。

丘吉尔还对哈里曼说："这场战争是长是短都在美国掌握之中。如果你们以战斗机保卫太平洋地区的每一个城镇，那么这场战争就会长，要打5年。如果你们勇敢一点——让入侵者进来，这有啥关系？——那么这场战争就能在两年内结束。"

可见，太平洋战争爆发后，美英在大西洋会议上建立的同盟受到严峻挑战，是继续坚持1941年1月至3月两国共同提出的"先欧后亚""欧洲第一"的战略方针，还是把战略重点转向太平洋，成为反法西斯同盟能否协调一致共同对敌的关键。

12月9日，罗斯福在对日宣战后向全国发表的"炉边谈话"中说：

> 德国和日本是根据一项联合计划来进行其陆海军作战行动的。这项计划把不帮助轴心国家的一切民族和国家都当做全体和每个轴心国家的共同敌人。这就是它们简单明确的总战略。所以，美国人民必须认识到，只有类似的总战略才能够与它抗衡。
>
> 我们期望能消除日本的威胁，但是，如果我们做到了这一点，却发现世界其他部分则由希特勒和墨索里尼去支配，那就对我们没有什么好处。

他暗示美国仍将坚持"先欧后亚"战略，把希特勒作为头号敌人。

　　为在新的形势下协调和完善美英两国的战略方针，罗斯福认为也有必要与丘吉尔会晤。他在接到丘吉尔的呼吁后，于12月11日电邀丘吉尔赴华盛顿会面。

　　12月12日，丘吉尔在哈里曼陪同下，率三军高级将领，从苏格兰的格里诺克港乘坐"约克公爵号"新型战列舰，启程赴美参加代号为"阿卡迪亚"的两国首脑会谈。

　　之所以选择"阿卡迪亚"作为这次会谈的代号，是因为两国领导人希望这个词所比喻的古希腊田园牧歌式的静谧，将成为他们协调一致的象征。

　　在横渡大西洋的8天中，丘吉尔准备了3份文件作为三军参谋长的备忘录，这些文件阐明了他对盟国在1942年和1943年作战计划的设想。

　　第一份文件题为《大西洋战场》，主要分析了欧洲、非洲和大西洋地区的军事形势，提出1942年的主要目标是英美军队占领整个非洲沿岸和从达喀尔到土耳其边界的地中海东部海岸。

　　第二份文件题为《太平洋战场》，谈到了1942年为恢复盟国在太平洋上的控制权所应采取的各项举措。

　　第三份文件题为《在1943年进行的战役》，宣布英美军队将在这一年夏季在德国占领区内最适宜的地方登陆以解放欧洲。

丘吉尔（蜡像）

191

这是英国在"先欧后亚"战略方针指导下的具体作战行动的设想，清楚地反映了丘吉尔对"先欧后亚"战略方针的理解，即第一步的行动重点是北非和地中海，同时设法控制太平洋局势；第二步行动的重点是欧洲大陆。

因为忙于对付太平洋的危急局势，美国方面对会议的准备不如英国充分。

12月20日，美国陆军部长史汀生向罗斯福提交了一份备忘录，该备忘录把所有战区划分为两部分：

主要战区——北大西洋战区，其中也包括西欧战区；其他战区——太平洋战区、西非战区、中东战区和近东战区。

关于西非战区，备忘录说：该战区在两个方面对美国人来说是至关重要的：一是它能确保与埃及、波斯湾、远东地区的空中和海上交通线；二是它能防止德国人占领达喀尔，因为其依靠达喀尔将会封锁通往南大西洋的海路和威胁美洲大陆。

这个备忘录是美国方面对"先欧后亚"战略方针的理解。但是，美国没有提出具体的战略行动计划。

12月22日黄昏，丘吉尔从弗吉尼亚的汉普顿锚地飞抵华盛顿，被接至白宫下榻。当晚，罗斯福与丘吉尔举行会谈，"一致同意打败德国应比对日作战更重要"。

在双方三军参谋长的正式会议上，美国陆军参谋长马歇尔上将和斯塔克海军上将代表美国重申"先欧后亚"的战略方针：

在1941年2月美英参谋部会谈中，曾一致同意德国是轴心国的首要成员，因而大西洋和欧洲战场被认为是具有决定意义的战争。

自2月以来已发生了许多事情，但尽管日本参加了战场，我们的观点仍旧认为打败德国依然是胜利的关键。只要德国被打败，意大利的崩溃和日本的失败就必然会接踵而来。

美国的"先欧后亚"立场打消了英国的顾虑。会议的主要议题由丘吉尔担心的应否实施"欧洲第一"上转到了如何实施"欧洲第一"问题上，双方按照这个战略方针开始讨论制订共同的战略行动计划。

12月23日下午，在第一次全体会议上，丘吉尔提出了向北爱尔兰和冰岛部署美军的"磁铁"计划，和英美盟军进攻西北非的"体育家"计划。

罗斯福对前者表示赞同，对后者则建议交给参谋人员讨论后再定。但是，美国军方却反对"体育家"计划，马歇尔列举了许多后勤方面的问题，并担心法国维希政府会反抗，那样将使这一行动变得非常危险。一旦初战失利，将对英国人的士气产生很坏的影响。因此，反对实施"体育家"计划。

马歇尔的得力助手麦克奈尔中将甚至要求战争计划处的史迪威将军准备诸多理由来说明不应执行"体育家"计划，以防止按英国方案而无谓消耗军事力量。

但是，由于美国会前准备不充分，没有一套具体战略行动方案，所以阿卡迪亚会议只讨论和制订了共同的总作战计划，没有决定在1942年实施北非登陆作战，只是"责成比弗布鲁克和霍普金斯搜罗船只，并在尽早的可能日期研究'超级体育家'计划"。

阿卡迪亚会议根据"先欧后亚"战略方针，制订并通过了盟军联合战略计划，其基本原则是形成和紧缩对德国统治下领土的包围圈。

这个包围圈的范围大体上是从阿尔汉格尔斯克到黑海，经过安纳托尼亚，再同地中海北岸和欧洲大陆的西海岸连接起来。主要目标就是加强这个包围圈，把缺口堵起来，办法是支撑俄罗斯战场，武装和支援土耳其，增强它们在中东的力量，以及占领整个北非的海岸，以防德国突然进攻波斯湾和西非海岸或其他地区。

阿卡迪亚会议通过的这个战略计划，是英国从前关于"在轴心国周围形成一个巨大的防御圈比进攻行动更为重要"的战略思想的具体化，而又为美国所赞同。它表明美英两国在军事行动上开始协调起来。

在联盟作战中，仅有统一的战略方针和战略计划是不够的，阿卡迪亚会

议完成的另一重大事情就是，解决了联盟作战的统一指挥问题。

1941年12月25日下午，马歇尔指出："我深深感到最重要的事情是指挥统一问题。我认为必须由一个人来统率整个战区——包括海、陆、空三方面。我们不能单靠合作来用兵。人的缺点就是这样严重。他往往特别不愿意把自己的军队划出一部分交给别人去指挥。如果我们现在制订一个统一指挥的计划。我们的麻烦十有八九就会解决了。"

马歇尔建议，美、英、荷、澳四国在西南太平洋地区建立一个统一指挥机构，丘吉尔初时坚决反对，称太平洋地区的盟军过于分散，不可能由一个人进行有效的指挥。

罗斯福首先赞同这一建议，为征得丘吉尔的同意和支持，他力荐英国上将韦维尔担任从孟加拉湾到澳大利亚战区最高司令官，统一指挥在这一战区作战的美、英、荷、澳四国军队。丘吉尔立即改变主意，欣然表示同意。

统一指挥原则的确立，是第二次世界大战中联盟作战的重要措施。随着战争的发展，盟军在各战区都任命了最高指挥官，有力地协调了各盟国军队的作战行动，保证了联盟作战的胜利。

阿卡迪亚会议还决定设立一个盟军最高行政机构，负责指挥各战区的作战。

12月29日，出席阿卡迪亚会议的美英三军参谋长向罗斯福提交了一份指挥系统大纲，建议现存的盟国各战区作战指挥机构："一是，不论最高指挥官作出何种建议，他都要电告伦敦和华盛顿两地的三军参谋长委员会；二是，伦敦的三军参谋长委员会要马上发电给驻华盛顿的英国代表团，表明他们是否将对电报提出意见。"

美英三军参谋长的这份大纲，并未提出成立专设的联合统帅机构。

罗斯福认为，联盟作战需要有一个联合作战指挥机构，于是在这份大纲上批示：

建议为此目的在华盛顿成立一个专设机构：

三位美国代表、三位英国代表；为磋商和咨询起见，增加一位澳大利亚代表、一位新西兰代表和一位荷兰代表；

　　这个机构后来定名为联合参谋长会议，它在美英两国首脑监督下，指导盟军的作战，以两个民族从未有过的谅解和效率发挥着作用。

　　如果说，统一指挥原则保证了各战区的联盟作战顺利进行，那么这个机构的设立则保证了盟军在第二次世界大战整个战场的胜利作战。难怪丘吉尔和马歇尔两人都认为这个决定是阿卡迪亚会议最有价值和最有持久意义的结果。

　　此外，阿卡迪亚会议还决定成立军人分配部和战时生产部等美英联合机构。

　　阿卡迪亚会议于1942年1月14日结束，这次会议是在太平洋战争爆发和美国正式参战的形势下召开的。在几个战场并存的情况下，会议统一了美英两国关于"欧洲第一"和"德国第一"的思想，坚持和完善了"先欧后亚"战略方针。

　　两国首脑从反法西斯斗争的全局出发，求同存异，密切配合，进一步巩固了美英联盟。会议决定设置的军事机构和采取的其他措施，为盟军的密切协同和反法西斯战争中转败为胜提供了重要保障。

　　德意日为协调一致行动，1941年12月11日签订对美英共同作战的协定，承担在无相互全面谅解的条件下不得与美英停战或媾和的义务，同时德意宣布对美英开战。美英被迫分别对德意和日本宣战。

　　接着，轴心国集团的其他成员国匈牙利、罗马尼亚和保加利亚对美宣战。而澳大利亚、荷兰、加拿大、新西兰、南非联盟、哥斯达黎加、古巴、尼加拉瓜、巴拿马、萨尔瓦多、"自由法国"民族委员会和波兰政府向日本宣战。

　　中国则向德意日宣战，第二次世界大战达到了最大规模。全世界遭受法西斯侵略及其威胁的国家和人民强烈要求组建强大的国际联盟，共同抗击法

西斯。

面对新的战争形势，罗斯福考虑将所有同德意日进行战争的国家组成一个大同盟，通力合作，打败法西斯。

12月24日，罗斯福向丘吉尔就成立一个大同盟交换了意见。

丘吉尔早在大西洋会议上就建议成立一个"有效的国际组织"，只是由于当时美国尚未直接参战而未实现。

罗斯福不肯答应，只同意"建立一个更广泛和更持久的普遍安全体系"代替"国际组织"。这次，罗斯福提出成立一个国际组织，丘吉尔欣然表示同意。他说：就这个问题"在原则上、在感情上以及确实在文字上，我们是完全一致的"。

大同盟的成立宣言草案是罗斯福拟定的，最初叫《协约国家宣言》。后来为有别于第一次世界大战的协约国集团，罗斯福从拜伦《蔡尔德·哈罗德游记》一诗中，借用了"联合国"一词，称之为《联合国家宣言》。

12月25日，《联合国家宣言》草案正式提出，送交有关国家讨论。内容如下：

美利坚合众国、大不列颠及北爱尔兰联合王国、加拿大自治领、澳大利亚联邦、新西兰自治领、南非联邦、比利时、中国、捷克斯洛伐克、希腊、卢森堡、荷兰、挪威、波兰、苏维埃社会主义共和国联盟和南斯拉夫等国政府，赞同美利坚合众国总统和大不列颠首相于1941年8月14日所发布的称为《大西洋宪章》的联合宣言里面所载的宗旨和原则的共同纲领。

深信所有这些政府取得彻底的全球性胜利，不但在各自的国内，而且在全世界，对保卫和维护生命、自由和独立以及人类自由、正义和社会保障的正当潜力，都是不可缺少的。

他们现在进行的斗争就是共同保卫一切地方的人类尊严，以抗击力图征服全世界的凶恶和野蛮的力量，兹宣布：

一、每个政府保证动用它的全部资源，以抗击轴心国的侵略力量，而且继续动用这种资源直至最终击败这种力量。

二、每个政府应向参加本《联合国家宣言》的其他政府保证在作战行动和资源使用方面进行完全合作，以对付共同的敌人。

三、每个政府保证对共同的敌人或其中任何一个敌人继续作战，而不同他们单独媾和。

凡愿意加入《联合国家宣言》的其他各国政府均特此准予加入之。

草案文本拟出后，美国、英国、苏联三国进行了磋商研究，提出了各自的修改意见。

苏联政府鉴于自己没有参加对日本的战争，而且还同日本保持着和平关系，不能在一份明确写有保证共同打败轴心国的文件上签字，所以建议修改宣言的一些用词，用"战胜希特勒主义的斗争"来代替战胜"轴心国"的字眼。

苏联方面解释道：在他们国内，"希特勒主义"包括"纳粹主义、法西斯主义和日本军国主义"。

美英两国理解苏联政府保持苏日和平关系的政策，接受苏联的意见，对宣言做了较大修改，将原来文本上的第一条修改为："每一政府各自保证对与各该政府作战的三国同盟国成员及其仆从者使用其全部资源，不论军事的或经济的。"

删去了原文本中的第二条，把最后一段改为："现在或可能将在战胜希特勒主义的斗争中给予物资上援助和贡献的其他国家得加入上述宣言。"

这种巧妙而灵活的修改，既照顾到了当时苏日之间的特殊关系，又没有损害反法西斯同盟纲领的原则。

英国建议在宣言中加进"当局"两字，以便可以让像"自由法国"这样的组织参加到宣言中来。

世界
联盟

　　但是，美国开始表示反对。美国国务卿赫尔还想通过某种方式同维希政权打交道，所以不同意戴高乐领导的"自由法国"加入宣言。霍普金斯也认为，"眼下不应当把自由法国包括进去"。

　　后来，丘吉尔说服了罗斯福，同意加进"当局"两字，但是，又遭苏联反对。李维诺夫虽不像赫尔那样，因反对"自由法国"加入而不同意加进"当局"两字，但却强调任何一个苏联驻外大使都无权不经本国外交部批准擅自同意在一个国际文件中做任何改动。

　　尽管丘吉尔竭力解释这种要加的东西无关宗旨，但是李维诺夫坚决不同意，他要待国内批准再定。由于罗斯福和丘吉尔都急于将宣言马上发布出去，来不及打电报与苏联政府商量，遂放弃了加进"当局"两字的主张。

　　关于印度能否加入宣言问题，英国内部曾发生争论。按内阁意见，不同意印度作为一个独立的主权国家加入宣言。这个主张遭到了前印度总督哈

二十六国签署《联合国宣言》

里法克斯勋爵的反对，他认为，把那个尚未被授予自治领地位的国家排除在外，将是一个错误。

最后，英国战时内阁做了让步，同意印度与加拿大、澳大利亚、新西兰以及其他自治领一起列为宣言签字国。

宣言草案文本有关签字国的排名先后次序是美国为首，其次是英国，接下来是英国的各自治领，跟着才是按字母先后次序排列的其他同盟国，苏联放在最后。

霍普金斯根据各同盟国在战争中的作用和地位，建议修改排名先后次序，"把像中国和苏联这样的国家提到同我国和联合王国的并列地位；区别的方法可以是，那些在自己的国土上积极作战的国家为一类，另外则是已经被轴心国征服了的国家。"

丘吉尔则"坚持英国各自治领必须紧接大不列颠之后，一起列入签字国名单上"，反对因按字母次序而同英国分开。

但是，罗斯福接受了霍普金斯的建议，并说服丘吉尔做出让步，最后由他亲自排出签字国的次序：美国、英国、苏联和中国，这4个国家之后的其他各国包括已经宣战的拉丁美洲各国则按字母顺序排列。

修改稿完成后，罗斯福和丘吉尔于12月27日分批会见了各同盟国驻华盛顿大使，向他们介绍了宣言的内容。同时，用急电把宣言发给各同盟国的政府，请这些政府正式授权他们驻华盛顿的代表签署这项文件。

1942年1月1日，罗斯福、丘吉尔、李维诺夫、宋子文聚集在白宫罗斯福的书房内，分别代表各自国家签署了这个庄严的宣言。次日，其余22个同盟国在美国国务院按国名英文字母顺序依次签字。至此，《联合国家宣言》诞生。

《联合国家宣言》的签订是国际关系史上的划时代事件，它极大地丰富了国际关系理论。

首先，它体现了"目标原则"。26个国家之所以能够撇开政治制度、宗教信仰的分歧签署一个共同宣言，就是因为它们面临着共同的威胁，战胜法

西斯是它们的共同目标，各国参加联盟的目的就是为了确保战胜法西斯，而成立联盟的目的就在于使这一目标顺利实现。没有共同的目标，则联盟无任何基础。

其次，它体现了"共存原则"。联盟的巩固与否很大程度取决于这个战争共同体的某个国家是否在战争中媾和。因为，引诱对方联盟的成员国单独媾和是政治行为者十分注意的一个战略决策。

因此，《联合国家宣言》规定签字国不能单独缔结停战协定和和约，这就使当事各方对实现战胜法西斯这一目标作出了具体保证。

由于把这项承诺写入条约，使这一努力获得一定的合法性，各方才有更大可能去追求这些目标。因为联盟的建立赋予缔约国以新的地位，使他们很难相互背信弃义，否则就会因不守信用而背上欺世盗名的恶名。因此，"共存原则"是加强联盟或联合的内部力量。

第三，它体现了"灵活原则"。参加某一联盟的各成员国从各自的国家利益认识问题，势必产生矛盾与斗争。但是，正如斯大林所说："俄国是一个共产主义的国家，而英国和美国则不是，也不打算成为共产主义国家，但是这一事实并不妨碍我们为了共同的安全和正当的利益而制订出良好的计划。"

《联合国家宣言》的倡议者与制订者为了"共同的目标"，在制订宣言过程中，采取了灵活的原则，最大限度地把反法西斯国家团结在一面旗帜下，集中各同盟国的一切力量去战胜德意日。

《联合国家宣言》把26个不同社会制度、不同意识形态、不同种族、不同语言、不同宗教信仰、不同肤色的国家集合在打败法西斯的共同目标和旗帜下，标志着国际反法西斯联盟的正式形成，实现了一切反法西斯国家的政治、军事、经济大联合，大大加强了反法西斯的力量，为反法西斯国家扭转被动局面，进而夺得战争的最后胜利创造了条件。

除美英苏外，中国等世界许多国家也为国际反法西斯联盟的建立作出了重大贡献。中国不仅牵制大量日军，有力打击了日本法西斯的侵略气焰，以

实际行动支援了其他国家人民的反法西斯斗争，而且还积极倡导建立国际反法西斯联盟。

在德国入侵苏联的第二天，中国共产党就着眼世界战略全局，发出《关于反法西斯的国际统一战线》的指示，明确指出"目前共产党人在全世界的任务是动员各国人民组织国际统一战线，为着反对法西斯而斗争"。

太平洋战争爆发后，中国国共两党立即做出反应，主张建立太平洋一切抗日民族的统一战线，并成立正式同盟，坚持抗日战争至完全胜利。1941年12月9日，中国领导人还致电美英苏三国首脑，建议在重庆召开联合军事会议，协调各国作战。

无疑，这些举措有力地促进了国际反法西斯联盟的建立。因而，中国同美英苏一道率先在《联合国家宣言》上签字，这既是中国在第二次世界大战中重要地位与作用的体现，也是国际社会对中国为建立国际反法西斯联盟所作贡献的肯定。

图书在版编目（CIP）数据

　　世界联盟：第二次世界大战的展开 / 胡元斌主编
. ——北京：台海出版社，2013.8（2021.5重印）
　　（第二次世界大战纵横录）
　　ISBN 978-7-5168-0237-3

　　Ⅰ.①世… Ⅱ.①胡… Ⅲ.①第二次世界大战—史料
Ⅳ.①K152

　　中国版本图书馆CIP数据核字(2013)第188662号

世界联盟：第二次世界大战的展开　　　　第二次世界大战纵横录

主　编：胡元斌　严　锴

责任编辑：孙铁楠　　　　　　　装帧设计：大华文苑
版式设计：大华文苑　　　　　　责任印制：严欣欣　吴海兵

出版发行：台海出版社
地　　址：北京市东城区景山东街20号　　邮政编码：100009
电　　话：010－64041652（发行，邮购）
传　　真：010－84045799（总编室）
网　　址：www.taimeng.org.cn/thcbs/default.htm
E-mail：thcbs@126.com

经　　销：全国各地新华书店
印　　刷：北京九天鸿程印刷有限责任公司
本书如有破损、缺页、装订错误，请与本社联系调换

开　　本：710×1000　　　1/16
字　　数：210千字　　　　　　　　　印　　张：13
版　　次：2014年1月第1版　　　　　印　　次：2021年5月第4次印刷
书　　号：ISBN 978-7-5168-0237-3

定　　价：48.00元